Elogios para Margarita Pasos

Yo PUDE, ¡Tú PUEDES!

«Tienes en tus manos un libro que cambiará tu vida y te pondrá al mando de tu bienestar emocional. Disfrútalo y asegúrate de aplicar lo que aprendas inmediatamente después de cada lectura».

—**Brian Tracy,** autor de más de cincuenta éxitos de ventas según *The New York Times*

«Margarita Pasos nos sorprende gratamente con este maravilloso libro en el que abre su corazón, recordando cómo era ella, con todos los defectos que le impedían ser feliz, junto con la maravillosa versión de la persona en la que se ha convertido. Deseo de corazón que este libro toque muchas vidas, así como ha tocado la mía».

—**Dr. César Lozano,** autor de los éxitos de venta *¡Despierta!... que la vida sigue* y *El lado fácil de la gente difícil*, conferencista internacional y conductor de radio y televisión

«Trabajar con Margarita cambió mi vida y me hizo abrir los ojos a la necesidad de nutrir nuestra inteligencia emocional. Le agradezco a Dios por haberla puesto en mi camino. Estoy segura de que este libro impactará tantas vidas como lo han hecho sus cursos con miles de personas».

—**Rashel Díaz,** empresaria y periodista ganadora de tres premios Emmy

«La capacitación de Margarita nos permitió incorporar el poder de la inteligencia emocional al accionar práctico y eficaz del día a día. Es una verdadera inspiración para enfocarnos más y mejor en las soluciones que en los problemas».

—**José Luis Fernández,** VP de Global Channels, Lenovo (Fortune Global 500)

«Sin duda, Margarita Pasos está llamada a impactar la vida de millones de lectores a lo largo y ancho del continente».

—**Dr. Camilo Cruz,** autor del éxito de ventas *La vaca*

«Este libro es un regalo, un aporte que nadie puede dejar de leer y aprender».

—**Pilar Sordo**, sicóloga, escritora y conferencista

«Este libro nos da la guía, paso a paso, para aprender de nuestras emociones y —sobre todo— para tomar el control de nuestros pensamientos de una manera práctica y efectiva».

—**Fernando Anzures,** CEO de EXMA GLOBAL

«Margarita Pasos es una luchadora que nos motiva e inspira. Y más ahora, en los tiempos en que vivimos. ¡Lo digo por experiencia propia!».

—**Manuel Alejandro Ruiz,** CEO de Chosen Few Entertainment, productor musical ganador del Premio Billboard Latino y de múltiples discos de platino

YO PUDE, ¡TÚ PUEDES!

MARGARITA PASOS

YO PUDE, ¡TÚ PUEDES!

Edición actualizada y ampliada

Cómo tomar el control de tu bienestar emocional y
convertirte en una persona imparable

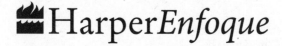 HarperEnfoque

ISBN: 978-1-40411-942-0
eBook: 978-1-40411-943-7
Audio: 978-1-40411-944-4

Para información escribir a Pasos@pasosalexito.com

La información sobre la clasificación de la Biblioteca del Congreso está disponible
previa solicitud.

Impreso en Estados Unidos de América
24 25 26 27 28 LBC 7 6 5 4 3

Dedicatoria

A Dios,
por encima de todo, cuya presencia siempre he sentido
en mi vida, aun en los momentos más difíciles.

A mi esposo Alejandro,
mi mentor, mi mejor amigo, mi inspiración.
Uno de los ejemplos de resiliencia
más grandes que conozco.

A mis dos hijos, Sofía y Alejandro,
que son mi motor y mi orgullo, y de quienes
estoy segura de que pasarán por este mundo
dejándolo mejor de cómo encontraron.

A mis padres y mis hermanos,
que son también parte fundamental de mi vida, a
quienes quiero y me quieren incondicionalmente.

A mi suegra,
que también me ha apoyado y querido sin reserva alguna
por tantos años y que ha sido una segunda madre para mí.

A todo el equipo de trabajo de Pasos al Éxito,
sin el trabajo de ellos y el liderazgo de mi
esposo Alejandro no sería posible cambiar
las vidas que estamos cambiando.

A Brian Tracy,
mi maravilloso mentor, autor de más de cincuenta libros
exitosos, incluyendo *Psicología de ventas* y *Psicología
del éxito*, quien ha sido parte esencial de mi desarrollo
personal y me ha enseñado a dar contenido de valor —en
abundancia— para enriquecer la vida de los demás.

Y a Ib Moller,
su socio y amigo. Gracias a ambos por confiar en mi
esposo y en mí, y por permitirnos aprender de ustedes.

A todos los otros mentores que me han moldeado con
sus consejos, talleres, videos o libros y de los cuales
he aprendido muchos de los conceptos que aplico a mi
vida diaria y que muchas veces comparto con ustedes y
con mis alumnos en mis videos, libros y conferencias.
Sus enseñanzas viven en mí y las he moldeado a
nuestra realidad y a la mía. Muchos de sus conceptos
vuelven a cobrar vida en esta historia mía que espero
les dé herramientas para vivir una vida mejor:
Lou Tice (Q.E.P.D), John. C. Maxwell, Marisa Peer, Jim

Rohn (Q.E.P.D), Les Brown, Grant Cardone, Norman
Vincent Peale (Q.E.P.D), Tony Robbins, Dean Graziosi,
Wim Hof, T. Harv Ecker, Gary Vee, Brendon Burchard,
Ryan Holiday, Daniel Amen y Shad Helmstetter.

A los alumnos de Pasos al Éxito,
que han confiado en nosotros para ayudarlos a
desarrollar su potencial y a manejar sus emociones.

A las empresas
que han confiado en nuestro trabajo.
Algunas, tan grandes que pertenecen
a la lista *Fortune 500*.
Otras, que son emprendimientos familiares y
negocios emergentes que nos han permitido
desarrollar su talento humano.

A ti, que estás leyendo este libro.
No sé qué estás viviendo, ni qué tan duro sea,
pero es por ti y para ti que lo he escrito. Espero
que lo disfrutes y que te ayude mucho.
Que te ames enormemente y seas tu mejor amigo o amiga.
Que este libro acorte el camino hacia tu paz interior.
Espero que, si algún día nuestros caminos se cruzan,
podamos darnos un abrazo y celebrar la vida. Porque la
vida es linda y valiosa... porque tu vida es linda y valiosa.

Haz esto antes de empezar

Si quieres hacer los ejercicios que te sugiero en el libro
en un documento editable, entra a este link:

https://www.yopudetupuedes.com/ejercicioseditables/

Escanea este código para descargarlo completamente gratis.

Cuando llegues a los ejercicios o preguntas de cada capítulo,
los podrás hacer en tu documento y guardar los cambios.

Contenido

CAPÍTULO 6

CAPÍTULO 7

CAPÍTULO 8

CAPÍTULO 9

CAPÍTULO 10

CAPÍTULO 11

CAPÍTULO 12

CAPÍTULO 13

Introducción

VIVIMOS EN UN MUNDO LLENO de estímulos y cambios que a muchas personas les generan altos niveles de estrés y que hacen que se sientan víctimas de las circunstancias.

Por muchos años me sentí igual. Sin embargo, ahora mi vida es otra y sé por experiencia propia que es posible ver las cosas de otro modo, porque no es el mundo exterior —sino nuestro interior— el que determina cómo nos sentimos y nos comportamos. Y cuando tomamos control de nuestro mundo interior, sentimos una paz y una alegría que no creíamos posible experimentar.

Para llegar a esta conclusión y cambiar mi vida, tuve que pasar momentos muy difíciles. De la hipocondría y la claustrofobia a la depresión y el pánico. Hoy, soy una persona nueva, tranquila, feliz y agradecida, algo que veía imposible en los momentos más difíciles de mi historia. Por lo tanto, si yo conseguí cambiar y tomar control de mis emociones, muy seguramente tú también lo lograrás. Aprendí a pasar de ser una víctima de mis emociones a ser la creadora y administradora de ellas.

Entonces:

- Si te sientes agobiado o ansioso...
- Si quieres disminuir tu estrés o manejar tu ira...
- Si has sobrevivido a cosas inimaginables que hoy afectan todo tu estado emocional y tus relaciones...

- Si estás desmotivado...
- Si te interesa elevar tu inteligencia emocional...
- Si necesitas mejorar tus relaciones y la comunicación con tus seres cercanos...
- Si te gustaría elevar el nivel de tu autoestima y creer en ti...
- Si te cuesta perdonar o perdonarte...
- Si anhelas ser más feliz y disfrutar de un mejor bienestar emocional... definitivamente, ¡este libro es para ti!

Te ofrezco *Yo PUDE, ¡tú PUEDES!* como una guía decisiva para construir una vida mejor. Estas técnicas que te presento de forma sencilla tienen el poder de transformar vidas de una manera maravillosa. Han cambiado la mía y la de miles de personas que he tenido la oportunidad de ayudar.

Solo te pido que abras tu mente, que vivas tu proceso un día a la vez (sin pausa, pero sin prisa) y que actúes con respecto a lo que vayas aprendiendo, haciendo e implementando a diario los ejercicios que te sugiero en cada capítulo. No te juzgues ni esperes nunca ser perfecto o perfecta. Busca progreso, no perfección.

El propósito de *Yo PUDE, ¡tú PUEDES!* tampoco es remplazar las indicaciones de un médico, ni diagnosticar o curar ninguna enfermedad física o mental. Los conceptos expuestos a lo largo de esta lectura son más bien una guía, un mapa que me ayudó a pasar de tener una vida llena de angustia a encontrar la paz y la felicidad que tanto anhelaba y que deseo compartir contigo, esperando que a través de mis palabras encuentres respuestas —así como yo las encontré— para llevar una vida mejor.

Tomar el control de tus emociones es el primero y fundamental de los pasos para una vida feliz y plena. Al final del libro te explicaré cómo puedes seguir avanzando para ser imparable con la reprogramación de tu mente.

Al escribir estas líneas, siento que estoy contigo. Acá me tienes, he escrito cada frase con todo el cariño y la fe de que te ayudarán en lo que sea que te trajo a leer *Yo PUDE, ¡tú PUEDES!*

Cuando termines este proceso, espero que puedas decir: «Tengo el control, todo me sale bien, me encanta mi vida, me gusta quien soy. *Yo PUDE, ¡tú PUEDES!*».

Con cariño,
Margarita

Prólogo

UNA DE LAS MAYORES LECCIONES que he aprendido y les he enseñado a mis hijos es declarar continuamente: «Me gusta quien soy, me gusta quien soy», porque logras lo que te propones cuando sientes agrado por ti mismo y crees en tu potencial.

Mi amiga Margarita Pasos interiorizó este aprendizaje y consiguió superar los ataques de pánico, la depresión severa, la claustrofobia y la hipocondría. A ella no solo no le gustaba quien era, sino que era su peor enemiga.

Margarita te enseña en este libro, cómo hizo ella la transición de estar enferma física y mentalmente a convertirse en su mejor amiga. A través de su universidad en línea, su charla Ted, sus redes sociales y sus conferencias en vivo, les enseña a millones de personas a aumentar su inteligencia emocional y autorregular sus emociones.

Una de las más valiosas características de esta lectura es que te ofrece una ruta de aprendizaje en cuanto a los principios complejos de la mente en términos muy sencillos. Margarita te tomará de la mano y te guiará de manera fácil y práctica a la aplicación de estos conceptos para que puedas sentir la paz y la felicidad que todos queremos y merecemos.

Estoy convencido de que debemos aprender de personas que experimentan directamente sus enseñanzas y por tanto viven lo que expresan. Por eso, este título: *Yo PUDE, ¡tú PUEDES!*, resume de manera espléndida lo que Margarita ha hecho por muchos y también hará por ti. Porque si alguien como ella, que era ansiosa y batallaba con la depresión y las fobias, puede viajar por el mundo (muchas veces sola), hablar en conferencias ante grandes audiencias y tener una vida plena, tú también puedes.

Tienes en tus manos una obra que cambiará tu vida y te pondrá al mando de tu bienestar emocional. Disfrútala y asegúrate de aplicar de inmediato lo que aprendas después de cada lectura.

Margarita es un ejemplo maravilloso de resiliencia y del aporte que la educación continua puede hacer para mejorar tu vida.

Me siento honrado de que me considere su mayor mentor.

Brian Tracy

Autor de más de cincuenta libros éxitos de ventas según *The New York Times*.

Galardonado con el Lifetime Achievement Award por la Asociación de autores más vendidos de Estados Unidos.

CAPÍTULO 1

Me sentía víctima de las circunstancias. Esta es mi historia

«No existe nada bueno ni malo; es el pensamiento humano el que lo hace parecer así».

—**William Shakespeare (1564 - 1616)**

El encierro: el origen de la claustrofobia

ERA EL AÑO 1976. YO era una niña de cuatro años, viviendo en una finca de mi abuelo en las afueras de Medellín, en Colombia. La finca era hermosa, grande, tenía varios lagos, una quebrada, piscina y muchos árboles frutales. A pesar de que un lugar así podría parecer un paraíso para una niña, yo sentía bastante soledad en ese lugar. Mi colegio quedaba en Medellín, a más o menos cuarenta y cinco minutos de distancia de la finca. El conductor de la familia me traía a casa después del mediodía y, al llegar, me iba directo a un pequeño baño, porque sabía que la nana encargada de cuidarme me iba a encerrar por un buen rato.

Ahí pasaba probablemente un par de horas, sin agua ni comida y sin nadie que me pudiera ayudar. Marcela, mi hermana mayor, regresaba del colegio alrededor de las 3:00 de la tarde. Entonces, unos minutos antes de que ella llegara, la mujer me dejaba salir para que mi hermana no se diera cuenta de lo que ocurría.

Yo no le contaba a nadie lo que sufría todos los días, pues esa mujer me amenazaba con que, si le decía a alguien lo que me hacía, entonces mataría a mi mamá. Esa rutina, que no sé por cuánto tiempo duró, me causó claustrofobia y mucho miedo al encierro durante muchos años de mi vida.

Quizás ahí fue cuando empezó mi mayor miedo a los espacios pequeños y cerrados. Debido a esa experiencia en mi niñez, y a otras en mi adolescencia que ya te contaré, desarrollé una serie de miedos que fueron creciendo hasta paralizarme muchas veces.

Un breve resumen de momentos que impactaron mi vida

Mi nombre de bautizo es Margarita María Viana Salazar. Nací y crecí en la ciudad de Medellín, Colombia, uno de los lugares más lindos del mundo, pero que lamentablemente —durante mi adolescencia— sufría una guerra entre dos carteles del narcotráfico: el de Cali y el de Medellín. Todos los que vivimos allí en esa época, sabíamos que cada semana podíamos encontrarnos con que algún ser querido o conocido era asesinado, o podíamos recibir un susto causado por la explosión de alguna bomba cerca de donde uno vivía.

> *Era incapaz de subirme sola en un elevador y el solo pensamiento de quedarme encerrada en un lugar me generaba pánico. En este libro, te contaré cómo pude eliminar estos bloqueos mentales y disfrutar de una vida libre de pánico y fobias.*

A mis ocho años de edad, nos fuimos de la finca a vivir a Medellín. Recuerdo la noche que oí estallar la primera bomba. Fue en el edificio Mónaco —propiedad de Pablo Escobar, jefe del cartel de Medellín—, a unos diez minutos de mi casa. Sentíamos terror y esperábamos a que dijeran en la radio qué estaba pasando. Fue un ruido tan fuerte que nos despertó a todos. Las ventanas de mi casa se agrietaron un poco, pero no teníamos ni idea de qué podía haber causado ese ruido tan asustador. Con el tiempo, aprendimos a reconocer el sonido y, cuando algo así de intenso sonaba, decíamos: «¡Una bomba!».

Sé que estas anécdotas y las que muchos cuentan sobre aquellos tiempos son aterradoras. Existen suficientes libros, películas y hasta telenovelas que narran diferentes versiones de estos hechos, por eso no voy a entrar en detalles crudos. Lo que sí puedo decirte es que, para ese entonces, la violencia era nuestra cotidianidad. Todos los días escuchábamos noticias de secuestros, las balaceras eran comunes, en fin. Recuerdo que un día, saliendo para la universidad a clases a las 6:00 a. m., siendo oscuro todavía, llegué a pensar: *¡Quién sabe si hoy regrese viva a mi casa!*

Es verdad que viví mi adolescencia con muchos miedos, pero también estuve rodeada de familia, amigos y gente hermosa que me quería mucho. Y así, terminando la universidad, decidí venir a estudiar a Estados Unidos, de cierta manera huyendo un poco del caos, la incertidumbre y el miedo que nos rodeaba en Medellín para ese entonces.

En Miami, conocí a mi esposo, Alejandro Pasos. Un nicaragüense guapo y muy divertido que me encantó a primera vista. Después de unos años de casados, empecé a tener éxito como comunicadora y me dediqué a entrenar a empresas en temas comerciales por todos los Estados Unidos.

En 1997, tuvimos a nuestra preciosa hija mayor, Sofía. Esperé un tiempo a que estuviera un poco más grandecita y, cuando ella tenía como un año y medio, empecé a viajar de nuevo debido a mi trabajo.

El estrés crónico que experimentaba era tan grande que sufría de migrañas frecuentes, sentía mucho cansancio, mareos y un montón de síntomas que ningún médico podía explicar. Un par de

> *Antes de continuar, cabe aclarar que mi ciudad y su gente son hoy un gran ejemplo de resiliencia y amabilidad. Medellín no solamente se levantó de esa guerra, sino que ha sido reconocida como una de las ciudades más innovadoras del mundo, un logro que fue reconocido y premiado el 1 de marzo de 2013 por Citigroup, el Urban Institute y The Wall Street Journal. Espero que tengas la oportunidad de visitarla y conocer todo lo que Medellín tiene que ofrecer.*

ellos me insinuaron entre líneas que me estaba imaginando mis síntomas, aunque la gran mayoría consideraba que el estrés era la causa más probable de lo que tenía.

No puedo respirar. El primer ataque de pánico

Un día estaba haciendo una escala en un aeropuerto durante un viaje de trabajo. Venía ansiosa y un poco mareada. De repente, empecé a sentir que la piel se me calentaba y me ardía; el corazón me empezó a palpitar fuertemente y rapidísimo. No podía respirar, cada bocanada de aire era más difícil que la anterior. Me sentía desorientada, como si estuviera en el cuerpo de otra persona (es una sensación difícil de explicar). Lo que sentí no fue miedo, sino terror, pánico; así que empecé a llorar y llorar.

La verdad, pensé que me estaba dando un infarto, que el día de mi muerte había llegado. Era clarísimo para mí que algo grave me estaba pasando y no creí que iba a sobrevivir a ello. Sin embargo, en mi camino se cruzaron varias personas bondadosas que me llevaron de la mano hasta el mostrador de la aerolínea donde, al final, logré que me subieran en un vuelo de regreso a mi casa.

Tan pronto llegué, volví a visitar la lista de médicos: cardiólogo, neurólogo, otorrinolaringólogo, gastroenterólogo 1, gastroenterólogo 2... ¡y nada! Nadie encontraba algo que estuviera funcionando físicamente mal en mí. «No tienes nada, todo está bien, es estrés», eran las palabras que oía una y otra vez de todos y cada uno de los médicos. Eso me causaba más ansiedad. Pensaba: *Yo sé que tengo algo malo y nadie lo encuentra. Me van a dejar morir.*

El miedo era constante, no dormía, las noches eran eternas. Todo el tiempo sentía como si algo terrible estuviera a punto de sucederme. Lo peor era que, con el pasar de los días, empecé a sentir la frustración por parte de otros debido a mi angustia, como si yo estuviera exagerándola o inventándola. Había amigas que me decían: «Ya deja la bobada que no tienes nada», o la mejor razón: «Pero si tú no tienes problemas». Sin embargo, todo eso solo me daba más angustia. Hoy, doy gracias a Dios, porque Él me daba fuerzas en esos momentos tan difíciles. También les agradezco a mis padres, que siempre me apoyaron. Y a mi esposo, Alejandro, que con un amor y una paciencia increíbles me llevaba médico tras médico, me acompañaba y me aseguraba que todo iba a estar bien.

Seguí visitando a distintos especialistas, pensando que el siguiente sí me daría un diagnóstico de algún mal físico. Me hicieron cantidades de exámenes, pero todos los resultados estaban en los rangos normales. Al fin, una cardióloga me dijo que lo que yo tenía era ansiedad y que necesitaba ir a donde una sicóloga.

Por supuesto, fui a ver a la sicóloga, no a una, sino a varias. También visité siquiatras, terapeutas, pero nada logró hacer que me sintiera mejor por mucho tiempo. Sentía mucha angustia, una gran tristeza y bastante miedo. Pensaba que me estaba volviendo loca y que yo era la única persona a la que le pasaban este tipo de cosas. Aquellos fueron los tres meses más largos de mi vida.

> *En medio de esa frustración, el miedo se convirtió o, mejor dicho, se mezcló con una depresión severa. No tenía ganas de levantarme de la cama ni de comer, pues me costaba mucho tragar, así que bajé siete kilogramos en menos de treinta días.*

Alejandro, mi esposo, es un gran lector. Un día, acercó una silla a la cama donde yo estaba acostada sin ánimos de nada y me dijo: «Te voy a leer algo». Yo no quería, pero él insistió y comenzó a leerme un libro que hablaba de un tema que empezó a captar mi atención y a hacer el cambio maravilloso que ha ocurrido en mi vida.

Todo esto te lo cuento para explicarte cómo pasé de ser una víctima de mis emociones a tomar control absoluto de ellas, a saber gestionarlas, a no tenerles miedo, y a entender que soy más fuerte de lo que creía. A saber que dentro de mí hay un poder enorme, capaz de cambiar totalmente mi salud, mis niveles de energía, mis emociones y mis relaciones. Y eso es lo que quiero compartir contigo a través de los próximos capítulos, porque tú también puedes hacerlo. Porque tú también vas a hacerlo.

Hoy, veinte años después, me siento feliz de escribir este libro. Hace mucho tiempo, no tengo ataques de pánico, ni siento depresión, ni claustrofobia. Me he quedado encerrada en elevadores dos veces y he sido yo quien he tenido que calmar a las otras personas. Además, se me quitó la hipocondría, pues antes tendía a pensar que sufría de enfermedades graves o letales todo el tiempo.

CAPÍTULO 2

Tomé el control de mi vida y mis emociones. El momento en que todo cambió

«La mente es un lugar propio y ella misma puede hacer de un cielo un infierno y de un infierno un cielo».

—John Milton

«Radio Miseria».
Descubrí la raíz del problema

MI ESPOSO ME HIZO UNA pregunta que estaba en el libro que
me leía. Era sencilla pero profunda: «¿Quién es la persona con
la que tú más hablas?». Mi respuesta obvia fue: «Contigo». Mi
esposo es además mi socio y siempre hemos trabajado juntos.
Entonces, esa era la respuesta lógica para mí. Él es también mi
mejor amigo y, hasta el día de hoy, pasamos gran parte del día
juntos. Sin embargo, el libro me daba una respuesta diferente,
más que obvia y sencilla. Simplemente, yo no la había visto. La
persona con la que más hablo no es mi esposo Alejandro, sino yo
misma. El libro es de Shad Helmstetter y se llama *What To Say
When You Talk To Yourself*. En la actualidad, aún no he logrado
encontrarlo en español.

De repente, todo un mundo se abrió frente a mí. Empecé a darme
cuenta de que yo mantenía una conversación de terror conmigo misma. Desde que me levantaba, tenía sintonizada en mi mente la que
hoy llamo «Radio Miseria», una narración en mi cabeza que tendía
a ver todo negativo, siempre pensando que algo malo iba a pasar bien
fuera a mí o a mis seres queridos. Creía que nada bueno sucedería
en mi vida o que, si me sucedía, seguro no iba a durar y, de manera
consciente, esperaba a que algo malo ocurriera para darme la razón
a mí misma.

¿Cómo era posible que nadie me hubiera explicado que yo tenía
una conversación constante conmigo misma? ¡Y que, además,

muchas veces, esa conversación determinaba cómo me sentía! Pues bien, ese tipo de conversación existe, se llama *diálogo interno*, y probablemente ha sido *el descubrimiento más importante para lograr cambiar mi vida.*

Desde que me levantaba, tenía sintonizada en mi mente la que hoy llamo «Radio Miseria», una narración en mi cabeza que tendía a ver todo negativo, siempre pensando que algo malo me iba a pasar bien fuera a mí o a mis seres queridos.

Después de ese momento, empecé a tener una claridad inexplicable. Mi diálogo interno solía ser más que todo negativo, por lo que resultaba obvio que esa era la causa principal de todos mis miedos y angustias. Casi todo el tiempo me estaba quejando en mi mente, autocriticándome, imaginando el peor escenario posible en cada circunstancia. En otras palabras, el enemigo estaba dentro de mí. Yo misma era mi peor enemiga y, cuando entendí eso, también comprendí —con total claridad— que no encontraría la respuesta a mis problemas fuera de mí. Así las cosas, era un hecho que debía empezar a limpiar mi mente de semejante cantidad de basura, de todos los pensamientos destructivos con los que la llenaba día tras día. Había llegado el momento de enfocarme y sintonizar otras emisoras: «Radio Felicidad», «Radio Yo Puedo» o «Radio Agradecimiento».

A lo largo de esta lectura, te iré explicando técnicas sencillas y muy efectivas para que vayas tomando el control de tus emociones y tu mente. Algunas, las aprendí al principio de mi «crisis»; otras, las he ido descubriendo con el estudio constante de la mente y las emociones, y al compartir con miles de personas dando conferencias por muchos países.

Las tres primeras técnicas que me sacaron de la ansiedad y la tristeza

1. La liga de hule

A partir del instante en que entendí que la causa principal de mi ansiedad se debía a la manera en que me hablaba a mí misma, mi vida cambió. Estaba en una misión y aún sentía ansiedad, pero veía una luz al final del túnel. Mi esposo me sugirió que me pusiera una liga de hule o caucho, como le decimos en Colombia, en la muñeca, y me dijo: «Cada vez que tengas un pensamiento negativo, vas a halar esa liga, aunque te duela, y vas a cambiar el pensamiento negativo por uno positivo. No importa si al principio es difícil, no dejes de hacerlo, cada vez, todas las veces».

Te voy a confesar que empecé el ejercicio con un poco de miedo y que lo primero que pensé fue: *Voy a terminar con gangrena en el brazo, porque casi todos mis pensamientos son negativos*, pero estaba tan mal que, obviamente, decidí darle una oportunidad al ejercicio.

Siendo francos, y después de muchos años, recuerdo que en ese momento sentía que mi vida prácticamente dependía de que ese ejercicio funcionara, porque debido a que me sentía tan mal, a veces pensaba que no valía la pena vivir así. Los que me mantenían fuerte y con esperanza todo el tiempo eran mi fe en Dios y mi familia.

Todos los días le pedía a Dios que me diera una luz, que me llevara al médico correcto, que me mostrara el camino. Y este surgió a través de ese libro que mi esposo me leyó.

2. Y-SI, el terrorista que vivía en mi mente

Los días iban pasando con mi hule en la muñeca y, poco a poco, fui descubriendo ese mundo interior, o como digo yo, empecé a mirar para dentro. Analizando mis pensamientos, comencé incluso a fascinarme con mi capacidad de imaginación, la cual —por desgracia— casi siempre usaba para proyectar cosas negativas, anticipar desgracias o juzgarme a mí misma de forma muy dura.

Un día, por ejemplo, iba manejando (ya me sentía mejor y salía sola de vez en cuando) y un camión grande venía en el sentido contrario. Entonces, empecé a pensar: *¿Y si ese camión pierde el control y me aplasta? ¿Y si quedo atrapada debajo?* (Recuerda que yo era claustrofóbica y le tenía pánico al encierro). *¿Y si me muero? ¿Y si mi esposo se casa con una vieja horrible que maltrate a mi hija? ¿Te imaginas?* El camión ya había pasado y lo más probable era que ya estaría a uno o varios kilómetros de distancia, pero yo seguía metida en esa tremenda película de terror.

> *A cada instante me repetía que Dios tendría un propósito para esa angustia tan horrible que sentía. Hoy, al escribir este libro, veo más claro que nunca ese propósito: poder ayudar a otros que sufren de miedo, ansiedad e ira o que sienten que no tienen control de sus emociones. Todo ello para que superen esos sentimientos, y disfruten de una vida plena y llena de bienestar.*

En ese momento, manejando sola, quedé en shock al percatarme por primera vez de las películas pesimistas que me montaba en mi cabeza. Comprendí que andaba por la vida cargando con un terrorista dentro de mi mente que me estaba destruyendo y ahí fue que lo bauticé con el apelativo *Y-SI*, pensando en ISIS, el grupo terrorista del Medio Oriente.

Puede que *Y-SI*, el terrorista de la mente, no mate personas con armas de fuego o de forma violenta, pero sí destruye vidas, daña la salud, roba los sueños, arruina relaciones e incluso, es lamentable decirlo, puede llevar a algunos hasta el punto de quitarse la vida.

Algunos ejemplos de mis *Y-SI* eran: *¿Y-SI me muero? ¿Y-SI me da la misma enfermedad que a mi abuela?* (Durante años, mi abuelita sufrió de Alzheimer). ¿*Y-SI* pierdo la casa? ¿*Y-SI* me estoy volviendo loca? ¿*Y-SI* mi marido se cansa de mí y me deja? ¿*Y-SI* esto? ¿*Y-SI* aquello? ¿*Y-SI* lo otro? Todo el tiempo estaba pensando en todo lo que podía salir mal en mi vida y, por supuesto, eso me llevaba a sentir miedo y ansiedad.

Seguramente habrás visto caer rayos muchas veces en tu vida. Unos segundos después, oyes el trueno. Ahora, imagina que el pensamiento es el rayo y el sentimiento es el trueno.

Tómate un momento y reflexiona sobre esta idea. Piensa en la cantidad de veces que un pensamiento ha desencadenado sentimientos negativos exagerados. Que estos te han hecho reaccionar de la peor forma posible y que, después, has analizado la situación con objetividad y te has dado cuenta de que tu exceso de reacción sobraba y exageraste, te apresuraste y te dejaste calentar la cabeza por un pensamiento negativo.

Hace muchos años, yo era tan nerviosa que —por ejemplo— si mi esposo se iba de viaje y a cierta hora todavía no me había llamado para decirme que había llegado a su destino, empezaba a preocuparme. Primero, caía el rayo (o sea, los pensamientos). Y-SI se cayó el avión, Y-SI algo le pasó, Y-SI le hicieron algo. Después, venía el trueno (los sentimientos). Es decir, llanto, ansiedad, dolor de cabeza, angustia. Todo para, un rato después, recibir una llamada de él con explicaciones tan lógicas como: «*No tenía señal*», «*Había mucha gente en inmigración*», «*El vuelo se retrasó*». ¿Te ha pasado?

> *¿Sabías que más del 90 % de las cosas negativas que te imaginas y te preocupan nunca suceden? Esto significa que sufrimos y nos angustiamos por adelantado, pagando una deuda que no existe y que lo más probable es que nunca existirá. El positivo muere una vez, pero el negativo muere mil veces.*

Ahora, tengo una filosofía: si no hay noticias, esa es una buena noticia. En otras palabras, si algo malo pasa, uno se entera rápido; si no ha llamado, debe estar atrasado, sin batería, sin señal, etc.

Entonces, si te sientes mal emocionalmente, es muy probable que estés pensando mal, que estés sosteniendo una mala conversación contigo mismo o imaginándote una película de terror sin fundamento alguno.

Así las cosas, el primer paso que decidí dar fue sacar a ese terrorista de mi mente. Reconozco que no fue fácil, ya que esos pensamientos o Y-SI se habían convertido en una voz automática, casi inconsciente. Por lo tanto, necesitaba estar prestándoles constante atención a mis pensamientos, porque muchas veces ni me daba cuenta de que, una vez más, estaba teniendo una conversación destructiva conmigo misma. De modo que nuevamente el ejercicio del cauchito fue de gran ayuda, pero no fue la única técnica que utilicé.

> *Primero piensas y, después, sientes. Primero ves el rayo y, después, oyes el trueno.*

3. La gratitud, una medicina muy poderosa

Me encantan las frases célebres. Es increíble cómo en un par de líneas alguien tiene la capacidad de aclararte, motivarte, inspirarte o cambiar tu vida. Una frase que me conmovió mucho cuando me sentía deprimida fue la siguiente: «No es que la gente feliz sea agradecida, sino que la gente agradecida es feliz». De repente, me di cuenta de que mi vida entera era una quejadera y empecé, forzadamente —la verdad— a hacer listas de motivos para sentir gratitud. Este ejercicio me ayudó muchísimo y empezó a mostrarme cuántas cosas buenas había en mi vida. Al principio, solo podía escribir las obvias, pero un día me obligué a escribir cien cosas que agradecía y quedé maravillada. En esa lista estaban, obviamente, Dios, mi familia, mi salud, mis mascotas, pero también cosas tan sencillas como el agua caliente en la ducha, mi almohada, la arepa caliente con mantequilla en el desayuno, el solecito cálido de la mañana, el olor a café en la cocina todos los días, no tener ningún dolor en todo mi cuerpo, los abrazos de mis seres queridos y muchas otras cosas.

Desde entonces, mis primeras palabras del día son mi lista de agradecimientos, al igual que antes de dormir.

¿Sabías que no ves el mundo como es, sino como crees que es? Entonces, ¿qué crees que empezó a pasar en mi vida cuando comencé a hacer listas de motivos por los cuales sentir gratitud? Exacto, poco a poco, empecé a ver cada vez más las cosas buenas que me sucedían, lo bueno que había en mi vida y, sin lugar a duda, todo eso terminó por hacerme sentir cada vez mejor.

Parte de mi angustia y tristeza se debían a que, como mis palabras y pensamientos eran negativos, mi mente colocaba «puntos ciegos» a un montón de cosas que podía agradecer. Regresemos al ejemplo que te di acerca del camión que venía en dirección contraria. En ese momento, yo iba pensando en que algo malo podía pasar (por cierto, con muy bajas probabilidades de que así fuera), pero bien podía haber ido en el carro agradeciéndole a Dios que tenía una casa, un carro con el cual iba al supermercado, junto con la posibilidad de comprar todo lo necesario para mi familia. También podía estar agradecida por mi esposo, mi hija (Alejandro, mi hijo menor, aún no había nacido), mis piernas, mi trabajo, mi vida, en fin, muchas cosas. Sin embargo, como mi mente se «manejaba sola» y yo no le ponía frenos ni le daba dirección, decidió enfocarse en quedar atrapada debajo de un camión. Así

> *Dejar de pensar negativo suena fácil para mucha gente y sé que para algunos lo es. Sin embargo, para mí era desafiante. A veces, hasta de manera consciente, trataba de pensar positivo y era difícil hacerlo.*

era yo, buscaba lo malo, el punto negro en la hoja blanca. Y si buscas, encuentras.

> *La mente no es complicada, es muy lógica. Y si le das órdenes o usas palabras que afirman que tu vida es miserable, pues miserable tratará de hacerte sentir. Las emociones y la fisiología trabajan en dos vías: quien se siente feliz sonríe, pero también quien sonríe se siente feliz.*

PUNTOS CLAVE DE LOS CAPÍTULOS 1 Y 2

- La persona con la que más hablas eres tú mismo. Donde sea que vayas, ahí estás tú. Asegúrate de ser tu mejor compañía y de estar muy atento a tu diálogo interno. Si la mayor parte del tiempo tus conversaciones son negativas y de terror, lo que esto significa es que estás sintonizando «Radio Miseria». Por lo tanto, cambia de emisora y toma el control de esa conversación contigo mismo, volviéndola constructiva y positiva.

- Te recomiendo utilizar estas tres sencillas técnicas para empezar a mejorar tanto tu estado emocional como físico:

  1. Ponte un hule o caucho en tu muñeca y, cada vez que te des cuenta de que estás sintonizando «Radio Miseria», hálalo y cambia tus malos pensamientos por unos constructivos o positivos.

  2. Deja de proyectar un futuro de terror. Expulsa al terrorista Y-SI de tu mente. Y-SI me muero, Y-SI no lo logro, Y-SI me enfermo, en fin. Ten siempre presente que más del 90 % de las cosas negativas que te imaginas, nunca suceden.

  3. Agradece. Cuando te enfocas en lo que está bien en tu vida, tu mente empieza a mostrarte aún más razones por las cuales agradecer. Haz del agradecimiento parte de tu vida cotidiana y no seas como el «tamal», que aun cuando está bien, está... mal.

EJERCICIO

Escribe una lista de cien cosas que agradeces (haz el esfuerzo
consciente de completar las cien). Si es necesario, regresa a la
lista las veces que quieras hasta que la completes. ¡Te sentirás
muy bien!

1.	26.	51.	76.
2.	27.	52.	77.
3.	28.	53.	78.
4.	29.	54.	79.
5.	30.	55.	80.
6.	31.	56.	81.
7.	32.	57.	82.
8.	33.	58.	83.
9.	34.	59.	84.
10.	35.	60.	85.
11.	36.	61.	86.
12.	37.	62.	87.
13.	38.	63.	88.
14.	39.	64.	89.
15.	40.	65.	90.
16.	41.	66.	91.
17.	42.	67.	92.
18.	43.	68.	93.
19.	44.	69.	94.
20.	45.	70.	95.
21.	46.	71.	96.
22.	47.	72.	97.
23.	48.	73.	98.
24.	49.	74.	99.
25.	50.	75.	100.

CAPÍTULO 3

Aprendí a ser mi mejor amiga y a manejar mi imaginación

«El cuidado personal no es egoísta. No se puede servir si no tienes recursos para hacerlo».

—Eleanor Brown

LOS MESES IBAN PASANDO Y, sin lugar a dudas, yo iba mejorando poco a poco, viviendo un día a la vez. En una ocasión, mi esposo me hizo esta pregunta: «Margarita, si tu mejor amiga te hablara como tú te hablas a ti misma ¿todavía serían amigas?».

He sido una persona a la que le gusta ayudar a su familia y a otros. Está dentro de mi proyecto de vida empoderar a las personas para que sean siempre la mejor versión de sí mismas. No soy perfecta ni santa, obviamente, pero trato de brindarles lo mejor de mí a los demás. De hecho, estoy convencida de que cada persona que se cruza en mi camino tiene un propósito en mi vida y yo en la de él o ella, así que procuro sumar y no restar cuando se trata de quienes me rodean. Sin embargo, a pesar de que ya tenía más conciencia de mi diálogo interno y de que ya no me montaba películas de un futuro aterrador, cuando se trataba de analizar mis cualidades, mis errores o mi desempeño, aún no era amiga de mí misma. Al contrario, era mi peor enemiga: demasiado dura conmigo, una crítica implacable, insegura y bastante negativa. En ese momento, ante esa pregunta tan sencilla, me di cuenta de que —por años— había llevado a mi peor enemiga conmigo a todas partes, todo el tiempo.

Respondiendo a la pregunta de mi esposo, por supuesto que no sería amiga de una persona que me hablara de una manera tan negativa como lo hacía yo conmigo. Tampoco lo sería de alguien que me dijera todo el tiempo que no sabía hacer las cosas bien, que no era suficientemente capaz para sacar adelante mi negocio, ni que era lo suficientemente buena como mamá ni como esposa, ni como hija, ni como empresaria, ni como amiga, etc. Me criticaba, no me valoraba y, cuando me equivocaba, me «latigaba». Esa pregunta me llevó a una reflexión profunda sobre mi autoestima y me permitió cambiar de manera drástica. Monté guardia en la puerta de mi mente y empecé a dejar entrar en ella solo pensamientos que sumaran y me ayudaran, mediante los cuales me apreciara y me sintiera orgullosa de cada logro, por grande o pequeño que fuera. Al fin, aprendí a decir: «¡Me gusta lo que soy!».

> *Cuando se trataba de analizar mis cualidades, mis errores o mi desempeño, aún no era amiga de mí misma. Al contrario, era mi peor enemiga: demasiado dura conmigo, una crítica implacable, insegura y bastante negativa.*

Desde ese mismo momento, decidí ser mi mejor amiga casi de una manera constante, analizando siempre qué pensamientos estaba manteniendo en mi mente, cómo me estaba hablando, y asegurándome de sumar a mi vida con mis pensamientos en lugar de restar. A donde vaya, ahí estoy yo, y soy buena compañía para mí, soy positiva, amorosa, compasiva y —por encima de todo— mi mejor amiga. Por consiguiente, a donde vayas, ahí estarás tú. Tú mismo te acompañarás a lo largo de tu vida a todas partes, así que asegúrate de tratarte bien, hablarte bien, creer en ti y ser tu mejor amigo o amiga.

Una advertencia antes de pasar al próximo tema. Hay personas que me dicen: «Pero Margarita, ¿pensar eso no es ser arrogante?». ¡Para nada! Arrogante es aquel que se siente superior a los demás. Así como crees en ti, también puedes ver ese mismo potencial y valor en todas las personas.

La «loca de la casa»: una imaginación sin dirección puede causarte mucho dolor

A veces, llevados por la rutina del día a día o las cosas típicas del diario vivir, no nos preocupamos por lo importante que es cuidar nuestros pensamientos. Cuando hablamos de la imaginación, ya no nos limitamos a un pensamiento negativo, sino a una película completa que nos montamos en la mente y que, de no gestionarla a tiempo, puede llegar a ser como una bola de nieve y convertirse en una avalancha. Cuando son destructivas, estas películas tienden a dañar las relaciones, por lo que debemos estar atentos a ellas todo el tiempo.

La imaginación, o la «loca de la casa» (así le llamaba Santa Teresa de Jesús), te calienta la cabeza a un punto tal que empiezas peleas y generas resentimientos y tristezas en tu mente, muchas veces por gusto. Créeme, no necesitas ayuda, tú solito o solita te vas formando el drama.

Ahora bien, la buena noticia es que, si estás pendiente o consciente de esto, sabrás detenerla a tiempo y ser tú el director de la película. Hago un paréntesis, porque es obvio que existen situaciones dolorosas que hay que vivirlas y sentirlas, como una pérdida o un duelo. No se trata de ser un robot que no siente. Más bien, se trata de no sufrir de forma exagerada y gratuita por una película que existe solo en tu imaginación o por una perspectiva negativa sacada de proporción.

> *Tú eres un éxito, valioso, maravilloso, imparable y capaz, al igual que cualquier otro ser humano. Todos tenemos el potencial y la capacidad de lograr aquello que nos propongamos. Ama lo que eres, pues eres muy especial.*

Por lo general, la realidad es mucho más generosa que la imaginación

Pongamos como ejemplo a una persona celosa. Su pareja se retrasó en llegar a casa por un choque que causó demasiado tráfico. La imaginación, o sea, «la loca de la casa» de esta persona celosa empieza con la siguiente película en su cabeza: *¡Claro, quién sabe con quién anda o dónde se quedó! ¡Estará poniéndome los cuernos con la persona aquella de la oficina y yo aquí, esperando ingenuamente! ¡Ahora, va a ver, conmigo no juegan...!*

¿Te imaginas hasta dónde llevarán a esta persona semejantes pensamientos tan tóxicos? ¿Y a la relación? Lo más seguro es que su pareja llegará a casa y, sin haber pronunciado palabra, recibirá toda clase de gritos y reclamos por algo que lo más probable es que exista solo en la imaginación de este celoso o celosa. Todos sabemos que este tipo de dinámicas deterioran gravemente una relación.

Otro ejemplo de la «loca de la casa» en acción es cuando tendemos a «adivinar» los pensamientos de otros. Alguien se ríe con otro compañero de trabajo en tu oficina y en ese momento te miran. ¿Y qué te dice la loca de la casa? *¡Se están riendo de mí! ¡Claro, estos se creen mejores, porque el jefe los felicitó en la reunión y ahora se juntaron a hablar de mí!* ¡Sin embargo, por lo general, se trata de una película imaginaria! Las personas tienen mil razones para estar hablando y riéndose.

Alguien no te saluda y, en lugar de pensar: *No me vio, no me reconoció, está estresado*, piensas: *¡Me ignoró! ¿Qué se cree? ¡Le caigo mal!*

¿No sería mejor ser un paranoico inverso? Si te vas a imaginar cosas, ¿por qué no mejor imaginar cosas positivas y que no te creen ansiedad? Si algo no existe en tu mente, no existe en tu vida.

Recuerda esto, existen solo dos tipos de pensamientos: constructivos y destructivos. Asegúrate de que tus pensamientos dominantes y el uso de tu imaginación sean constructivos.

Usa tu imaginación para crear, para ayudar, para cuidarte, no para montarte películas de terror en la mente y creer que la gente se está confabulando para hacerte daño, ya que esto solamente te hace daño a ti.

PUNTOS CLAVE DE ESTE CAPÍTULO

- Ser tu mejor amigo o amiga significa creer en ti, ser tu porrista. Es animarte cuando estás desanimado, apoyarte cuando cometes un error. En lugar de latigarte, es entender que unas veces se gana y otras se aprende, pero nunca perdemos. Tú eres un milagro, una persona única e irrepetible. Cuídate, quiérete y ama lo que eres.

- La imaginación, o la «loca de la casa», te lleva a armar películas en tu mente basadas en suposiciones, las cuales pueden ser muy dañinas, no solo para tu relación contigo mismo, sino con los demás.

- En lugar de pensar que las personas son malas, hipócritas o quieren hacerte daño, es mejor ser un paranoico inverso y pensar que el mundo se confabula para que tú seas feliz y tengas éxito.

EJERCICIO

¿Cómo te hablas cuando tienes miedo o cuando algo no te sale como esperabas?

_____

_____

_____

_____

Al analizar lo que escribiste, ¿te motivas o te criticas?

_____

_____

_____

_____

¿Esperas hacer las cosas bien y que te salgan bien? ¿O esperas lo peor de ti la mayor parte del tiempo?

_____

_____

_____

_____

Si tus respuestas fueron negativas, ¿cómo te hablarás a ti mismo la próxima vez que algo no te salga como esperabas o que sientas miedo? Escríbelo acá:

_____

_____

_____

_____

Si al contestar estas preguntas, te diste cuenta de que eres tu peor enemigo, no te preocupes. Hoy es un excelente día para cambiar. Decide decirte todos los días: «*Me gusta quien soy, me gusta quien soy, me encanta quien soy*». También puedes repetirte: «*Soy un éxito, soy una persona hábil y completa, soy capaz, soy valioso, estoy bendecido y protegido, soy muy inteligente*».

Escribe acá, tu afirmación diaria sobre lo mucho que vales:

_____

_____

_____

_____

Cuando alguien no te saluda o no actúa como esperabas, ¿tiendes a pensar que esa persona está en tu contra o quiere hacerte daño? ¿Te imaginas «películas» que te hacen daño?

_____

_____

_____

_____

¿Qué puedes hacer para controlar a la «loca de la casa» la próxima vez que alguien no actúe como tú esperabas?

_____

_____

_____

_____

CAPÍTULO 4

Tu mente es una máquina de crear significados

«Las personas no se perturban por las cosas que suceden, sino por la opinión que tienen de estas».

—Epicteto

ADEMÁS DE CAMBIAR MI DIÁLOGO interno o los pensamientos cotidianos, también hice otro cambio fundamental en mi vida: las palabras que usaba (en voz alta, baja, por escrito) y la explicación que les daba a los eventos. Más adelante, vamos a profundizar en el tema del lenguaje, pero permíteme decirte esto: la mente humana no es nada complicada. Es la máquina más avanzada y más lógica que existe. Y si tú, con tus palabras, le das órdenes negativas, ella no te cuestiona, sino que te obedece.

Por ejemplo, hay personas que toman posesión de cosas negativas: «MI migraña», «MIS problemas», «Él ME gritó», «Ella ME ofendió». Qué tal si en vez de eso decimos: «La migraña», «Ella gritó», «Él ofendió». Nada de eso es mío, no me pertenece. «Mi marido gritó esta mañana. ¡Pobre! Debe estar muy estresado, pero yo no me voy a amargar el día». Esa es una afirmación muy diferente a: «Mi marido ME gritó y eso hace parte de MIS problemas. Por eso, estoy afrontando MI depresión». Así, al hacer este tipo de afirmaciones, estás poniendo la llave de tu tranquilidad y tu felicidad en el bolsillo de otra persona a través de las palabras y las explicaciones que te estás dando.

Verás, tu mente es una máquina de generar significados. Supongamos que te presento a una amiga mía y los dejo solos para que conversen. Mi amiga mira al suelo y hacia la puerta mientras tú le hablas en un tono muy amable. Tu mente puede crear diferentes significados de la misma situación. Uno, puede ser: *¡Qué mujer tan arrogante y pesada! Yo le estoy hablando y ella ni siquiera hace contacto visual conmigo. Pero ¿qué se cree?* Si ese es el significado que le das a la situación, lo más seguro será que tu sentimiento sea de rabia y que te sientas ofendido.

Por otro lado, está en ti elegir darle un significado diferente al contexto en que te encuentras y pensar: *La amiga de Margarita parece ser un poco tímida y, desde que dejaron a la pobre aquí sola conmigo, se ve que está muy incómoda.* Lo que quiero mostrarte con este ejemplo es que si eliges darle este significado a la situación, a lo mejor —en lugar de rabia— sentirás empatía por ella, ¿verdad?

Veamos otro ejemplo: el COVID. Ciertamente, no podemos negar de ninguna manera el dolor que esta situación les ha traído a quienes han perdido a sus seres queridos o quedaron con secuelas en su salud por esta horrible enfermedad.

> *Todos podemos elegir en todo momento el significado que les damos a los eventos.*

Sin embargo, todos conocemos a personas que ni ellas ni sus seres queridos han tenido problemas de salud debido al virus. Algunas se han reinventado, han aprendido un idioma, han expandido o empezado un nuevo negocio, se han reconectado con su parte espiritual. Otras se han deprimido, se han llenado de miedos y se sienten en un callejón sin salida. Es la misma situación, pero con diferentes significados, y dependiendo del significado que cada uno le haya dado, así es como se habrá sentido. Mientras unos le han dado a esta nueva realidad el significado de «crisis», para otros significó «cambio u oportunidad». Unos han manifestado que «se sienten encerrados» y otros han decidido que «se sienten protegidos». Para unos el virus ha significado «el apocalipsis y el fin del mundo» y para otros es «una oportunidad de cambio, de construir un nuevo mundo».

Recuerda, la mente es una máquina de generar significados y tú tienes el control, tú eres quien decide qué significado le das a cada situación.

El triángulo de las emociones: los tres pasos que te hacen sentir como te sientes

Lo que te acabo de explicar es la manera en que se forman las emociones y tiene mucho que ver con tu historia y tus experiencias. Veámoslo en tres pasos sencillos a los que yo llamo «el triángulo de las emociones».

1. **El evento.** El evento es neutral. Por ejemplo, el COVID, el tráfico, la amiga que te presentaron...
2. **Tu interpretación del evento.** Para algunos, el tráfico es una oportunidad, porque pueden escuchar audiolibros. Para otros, ese mismo tráfico es causa de ataques de ansiedad, porque los autos no avanzan. Es en este punto, en tu interpretación, en el que las cosas se vuelven buenas o malas. Para algunas personas la amiga que no las mira a los ojos es arrogante y para otras es tímida. Dicho de otro modo, no es la realidad lo que te hace sentir bien o mal, sino tu realidad interpretada.
3. **La emoción.** La emoción es la *consecuencia* de la interpretación que les das a las cosas. Cómo te sientes hoy depende en gran parte de la interpretación que les das a tu vida y a sus eventos.

El triángulo de las emociones

¿Cuál es la buena noticia?

Que es en el paso 2 en el que se crea la emoción y tú siempre tienes el control de ese paso, de darles a las cosas el significado que quieras.

> *No es la realidad lo que te hace sentir bien o mal, sino tu REALIDAD INTERPRETADA.*

Veamos otro ejemplo siguiendo los tres pasos con tres personas diferentes:

Tres amigos están de paseo en una montaña:

1. Uno fotografía especies en extinción y especies exóticas para una revista.
2. Otro es una persona nerviosa y vive en la ciudad.
3. El tercero vive en una finca desde pequeño.

De repente, les sale una culebra amarilla y negra.

PASO 1 = La culebra es neutral, es el evento.

PASO 2 = Cada uno interpreta el evento de manera diferente:

• El fotógrafo corre a su mochila a buscar su cámara, fascinado con esa exótica criatura y esa increíble oportunidad ·para fotografiarla.
• El segundo, que es muy nervioso, sale corriendo con el corazón a mil, con mucho miedo por el animal.
• El tercero decide tomarla en sus manos, ya que ama a las culebras y en su finca tiene incluso dos como mascotas, además sabe que esta especie en particular no es peligrosa.

Como verás, la realidad interpretada es diferente para cada uno. Esto mismo es lo que sucede en tu mente debido a tu historia, tus experiencias y tu diálogo interno.

Interpretación del fotógrafo: *Oportunidad*

Interpretación del nervioso: *Peligro*

Interpretación del que vive en el campo: *Mascota*

PASO 3 = El sentimiento que genera la culebra es diferente debido a la interpretación que le da cada uno de acuerdo a su historia y sus experiencias:

Sentimiento del fotógrafo: *Fascinación*

Sentimiento del nervioso: *Miedo*

Sentimiento del que vive en el campo: *Ternura*

Seguro, tanto el hombre nervioso, el fotógrafo como el que creció en la finca tienen una historia muy diferente y por eso los tres le dan al mismo hecho una interpretación tan distinta.

Por lo tanto, entiende esto: interpretas la realidad basándote en tus experiencias, no en los hechos. La buena noticia es que siempre puedes cambiar tu interpretación de los mismos. Tú tienes control del paso 2, del significado que les das a los hechos. Estás al mando y, dependiendo de la explicación que le des al evento, así será tu emoción.

> *Entonces, la verdadera y principal disciplina en la vida está en la mente. Tu bienestar emocional no se construye día a día, sino pensamiento a pensamiento.*

Da la bienvenida a los «ridículos». ¿Qué hago si mis pensamientos son compulsivos?

Hay personas que me preguntan: «Margarita, pero entonces, ¿usted nunca se enoja? ¿Nunca se siente triste?». Por supuesto que sí. Incluso hay momentos en que es importante sentir el dolor y procesarlo. La diferencia es que ya me enojo poco por cosas que no lo merecen y, si me enfado o me entristezco, no me quedo tanto tiempo patinando en ese estado emocional. O como yo le llamo, no me quedo «nadando en el charquito de la amargura».

Ahora bien, yo sé que decirle a alguien que tenga solo pensamientos positivos y que saque de su mente todos los negativos es muy fácil. A veces, hacerlo es más retador que decirlo. Sin embargo, sé que es cuestión de práctica, no te desanimes.

Cuando empecé este camino, me daba un golpe con el hule que tenía en la muñeca cada vez que albergaba en mi mente un pensamiento negativo, y ese golpe me recordaba que debía cambiarlo. Por lo que, treinta segundos después, estaba otra vez pensando en eso que me daba miedo o me causaba ansiedad.

Estos tres pasos me ayudaron a ir cambiando los pensamientos compulsivos en mí y sé que a ti también te van a ayudar a lograrlo:

1. **Alegrarme y darles la bienvenida.** ¿Por qué hacer esto si son pensamientos negativos? Porque, por lo menos, ya los reconocía, los identificaba cuando llegaban a mi mente. En otras palabras, el simple hecho de entender que mi ansiedad venía de las conversaciones que estaba teniendo conmigo misma me daba una gran sensación de control y esperanza. Es más, les puse un nombre a los pensamientos negativos (tú puedes hacer lo mismo). Empecé a llamarlos «los ridículos». Y cuando venían a mi mente, me hablaba así: «Ahí vienen "los ridículos" otra vez. ¡Bienvenidos! No se vayan acomodando, que no tengo tiempo para hablar con ustedes».

> *Antes, los pensamientos negativos estaban en mi mente, pero yo no era consciente de ellos y estaba acostumbrada a permanecer en mi «charquito de la amargura».*

Sé que quizás esto te suene absurdo, pero a mí me funcionó. Al ponerles un nombre que los minimice y les quite fuerza, estás aplicando el paso 2 del triángulo de las emociones, que es darles otra explicación. Recuerda que las palabras crean el significado y luego ese significado genera un sentimiento. Antes, yo les tenía miedo, les decía *compulsivos* y sentía como si fueran algo más allá de mi control. Al minimizarlos y decirles, por ejemplo, *mentirosos, ridículos y bobitos*, empecé a quitarles fuerza.

2. **Dejarlos pasar.** Bueno, si les tenía miedo a los pensamientos negativos, estos se agrandaban, lograban más poder sobre mí. Ya sabes que, según la explicación es la emoción. Hay un dicho que afirma: «Lo que resistes, persiste». Pues bien, aprendí a no resistirlos. Más bien, les quitaba fuerza con el nombre que les daba y los dejaba entrar y salir de mi mente sin tenerles miedo.

   ¿Alguna vez te has acostado en la grama o en la playa a ver las nubes pasar? Así mismo debes hacer con tus pensamientos negativos: les das la bienvenida, los minimizas y luego los dejas pasar.

3. **Distraer mi mente.** La sicóloga investigativa Susan Nolem HoeckSema asegura que quedarte dándole vueltas y vueltas a un pensamiento negativo es una de las principales causas de ansiedad y depresión. Sus investigaciones también han comprobado que aquellos que usan su energía para distraer su mente tienen mucho menores posibilidades de ser depresivos y ansiosos. Pues, ¿qué crees que yo empecé a hacer diferente? Una vez que minimizaba los pensamientos y no los resistía, empezaba a enfocar mi mente en otra cosa.

Entendí que la mente no puede enfocarse en dos cosas a la vez, sobre todo cuando se trata de algo que, aunque sencillo, requiera de cierto nivel de concentración. Entonces, cuando sentía que el pensamiento era compulsivo y no lograba cambiarlo, le daba la bienvenida, lo minimizaba con algún nombre y me enfocaba en hacer algo que exigiera mucha concentración de mi parte para así distraer mi mente. Por ejemplo, decía el abecedario al revés (pruébalo, no es nada fácil), contaba del 300 al 1 o las baldosas del piso, observaba algo con mucho detalle como cada línea en mi mano, todo esto para «salirme de mi mente» un rato hasta lograr calmarme.

Veamos un ejemplo concreto de cómo usaba estos tres pasos. A menudo, venían a mi mente pensamientos como: *Me voy a morir, Tengo algo malo en mi cerebro, Estoy enferma y los médicos no saben qué tengo, Me van a dejar morir.* (Estos eran los pensamientos típicos míos). Entonces, el primer paso era identificarlos y alegrarme de haberlos agarrado entrando a mi mente. El segundo era dejarlos entrar sin resistirlos y darles la bienvenida. Les decía: «Hola, bobitos, bienvenidos otra vez», y los dejaba entrar a mi mente y que pasaran por ella como nubes que entran y salen.

Lo tercero que hacía era distraer mi mente, como ya te mencioné antes, diciendo el abecedario al revés, cantando una canción bonita en voz alta o repasando la tabla del siete, ya que me costaba trabajo aprendérmela desde que era pequeña.

Te confieso que al principio no era tan fácil, pero mientras más lo hacía, más fácil se volvía.

Por mucho tiempo, sufrí de dolores de cabeza muy fuertes. Con frecuencia, me dolía la cabeza antes de subir a un escenario a dar una conferencia. Con el tiempo, empecé a encontrar una coincidencia muy agradable. Cada vez que subía al escenario con dolor de cabeza, cuando terminaba mi presentación, el dolor se había ido, la mayoría de las veces sin pastillas. Incluso había gente tras el escenario que al terminar me preguntaba: «¿Cómo sigues?». Y solo hasta entonces recordaba que había tenido dolor de cabeza antes de la charla. ¿Qué pasaba? Pues que, al entrar al escenario, soy feliz y pongo todo mi ser en función de ayudar a otros. El dolor de cabeza se me olvida y, como no le dedico energía ni

> *Es importante «distraer» a la «loca de la casa», porque donde pones tu enfoque, pones tu energía, y eso es lo que se expande en tu vida.*

me enfoco en él, este tiende a minimizarse o a desaparecer. Igual pasa con los pensamientos negativos, son como un niño malcriado que, al no prestarle atención, se aburre y se calma.

La dieta mental

«La definición de locura es seguir haciendo lo mismo,
esperando obtener siempre diferentes resultados».
—Albert Einstein

¿Recuerdas la cuarentena más intensa del Coronavirus? ¿Esos momentos desafiantes para la humanidad que parecían sacados de una película de Hollywood? Era increíble ver las calles vacías, los supermercados y centros comerciales cerrados, los barcos atracados en los puertos, y no escuchar a los aviones que acá, en Miami, oíamos pasar minuto a minuto. Mucha gente me escribió con miedo y angustia, con incertidumbre por su futuro, por su salud y la de sus seres queridos. Y había mucha especulación, no sabíamos cuánto tiempo íbamos a pasar en el distanciamiento social y encerrados en casa.

En esos momentos, saber hacer una dieta mental me mantuvo tranquila, enfocada e incluso más ocupada que nunca.

¿Te has preguntado qué le pasaría a tu cuerpo si ingirieras comida chatarra las tres veces al día? ¿Qué pasaría si lo único que consumieras fueran chocolates, pizzas, helados, gaseosas, papas fritas y caramelos, todos los días y a toda hora? Lo más seguro es que te enfermarías, tendrías fatiga, problemas de azúcar, de peso y otros síntomas más.

Hoy en día, y cada vez más, estamos tomando conciencia de los alimentos que no se deben consumir, de los que se deben absorber en bajas cantidades, y también de los que nos ayudan por sus valores nutritivos. Por desdicha, con la mente no somos tan conscientes y muchas veces la alimentamos con lo que yo llamo «chatarra mental».

Comemos chatarra mental todo el día y luego no entendemos por qué nos sentimos mal, angustiados, ansiosos, enojados en medio de un círculo vicioso que no promete detenerse nunca. Hasta acá, hemos hablado de nuestro mundo interior, del control que adquirimos al cambiar el significado de los eventos, pero no podemos negar que consumir sin parar «alimentos tóxicos» para tu mente, aunque vengan de afuera, va a empezar a afectarte no solo a nivel emocional, sino también físico.

Permíteme contarte una historia: hace un tiempo, comencé a sufrir de taquicardia. A veces, un poco fuerte, así que fui al cardiólogo. Por fortuna, no se trata de nada serio, es algo que se llama «extrasístole», y aunque no resulta peligroso, sí es incómodo a veces. El doctor me explicó que la cafeína y el estrés podían dispararlo. Entonces, seguí mi vida normalmente, hasta un día en que mi hija Sofía estaba viendo un show un tanto dramático en Netflix. Yo no veo ese tipo de programas, pero me senté a verlo con ella para disfrutar de su compañía. En ese capítulo, dos hermanos adolescentes iban en un carro y decidieron acelerar al máximo para brincar en frente de un tren que venía a toda velocidad, convencidos de que lo lograrían. Por desgracia, no lo lograron y el tren arrastró a los dos jóvenes, que llegaron de emergencia a un hospital. Estábamos viendo la escena de cuando los papás de esos chicos están hablando con la doctora y ella les dice que la situación es grave, que no saben si su hijo se va a salvar. Ellos, muy angustiados, como era obvio, le preguntan por el otro hijo y ella se asombra, y les dice: «¿Nadie ha hablado con ustedes?». Resultó que el otro hijo ya había fallecido y el segundo estaba a punto de fallecer.

Sé que esto es ficción. Sin embargo, en ese momento mi corazón empezó a brincar como loco. *¡Está clarísimo!*, pensé, *y la gente cree que los noticieros, el terror y el drama no les afectan.* ¡Claro que nos afectan! Nuestro cuerpo segrega adrenalina y cortisol cuando vemos todas esas cosas. Yo estaba tranquila, ni siquiera estaba angustiada con el show, pues uno sabe que son actores, pero la mente no sabe la diferencia y segrega una «sopa de veneno» que tiene nefastas consecuencias para la salud.

Por esa razón, quiero invitarte a que empieces una dieta y elimines la chatarra mental. Yo tengo años de no ver noticieros y estoy absolutamente feliz de no hacerlo. Cuando una noticia es muy relevante, siempre me entero por algún medio, y si el suceso es un tópico de mi interés, lo busco en Google o en YouTube. Tampoco veo películas dramáticas (casi nunca), ni me engancho en conversaciones negativas, inútiles o tóxicas.

Alguien en una conversación me dijo una vez: «Me da tanto miedo ver películas de terror, que luego paso una semana durmiendo con la luz prendida». A mí no se me ocurre ir a pagar por una película para torturarme así por una semana, no me parece que hacer eso tenga sentido. Repito, a lo mejor tú crees que no te afecta, pero la química de tu cuerpo cambia y esa adrenalina y el cortisol que segregas al ver cosas tan negativas son un veneno que después te pasa la cuenta.

¿Cómo podemos lograr un cambio en nuestra vida y nuestras emociones si seguimos con los mismos hábitos de alimentación mental?

Si bien es cierto que es en tu mundo interior donde debes enfocarte para manejar tus emociones, consumir basura mental con frecuencia no va a ayudarte. Para sentirte mejor, motivado y con energía, también debes absorber más de lo que yo llamo «proteína mental». Y no solo una vez al día, sino de manera constante. Obviamente, para lograr esto, debes reducir de modo considerable o eliminar por completo el consumo de chatarra mental.

¿Qué es la chatarra mental y qué es la proteína mental? Acá te doy algunos ejemplos que te permitirán identificar lo que estás consumiendo.

Chatarra mental

» Informarte en exceso, ver noticias negativas, «infoxicación»
» Chisme
» Amarillismo
» Pensamientos negativos
» Criticar
» Quejarte y victimizarte
» Conversaciones tóxicas o negativas
» Videos y películas de terror
» Videos, películas e historias violentas
» Videos y películas dramáticas

Proteína mental

» Lecturas de no ficción sobre temas que sumen a tu vida
» Orar
» Meditar
» Agradecer
» Trazarte metas
» Visualizar tus metas
» Reírte, ver películas de humor
» Hacer ejercicio
» Bailar
» Cantar
» Ver videos inspiradores, positivos
» Leer frases famosas que te inspiren, pegarlas en lugares donde puedes verlas

» Abrazar a tus seres queridos
» Vivir el presente, tener tu mente donde está tu cuerpo y disfrutar el momento
» Hacer afirmaciones positivas

Vuelve a leer la lista e identifica la chatarra mental que estás consumiendo, y decide hoy mismo cambiar tu alimentación mental. Te aseguro que la transformación en tu vida será impactante.

La ley del pensamiento dominante

«Las personas de alto desempeño piensan todo
el tiempo en lo que quieren. Las personas de bajo
desempeño piensan todo el tiempo en lo que temen».
—Brian Tracy

Ya hablamos de la dieta mental, de lo que debes y no debes consumir para sentirte bien. Ahora, hablemos de la frecuencia con la que debes consumir la proteína mental. Si alguna vez has hecho dieta, entenderás que de nada sirve desayunar frutas y un té sin azúcar, por ejemplo, si a la hora del almuerzo te comes una hamburguesa doble con queso y tocineta, papas fritas, helado y una bebida gaseosa, ¿verdad? El resultado es apenas obvio: ni bajarás de peso, ni mejorarás tu salud.

Pues lo mismo pasa con tus pensamientos y con lo que consumes mentalmente. De nada te sirve que consumas proteína mental en la mañana, por ejemplo, que pienses positivo o hagas afirmaciones poderosas, si el resto del día vas a estar absorbiendo chatarra mental, viendo noticias amarillistas, pensando negativo, chismoseando o imaginándote todas las desgracias que podrían sucederte y llenándote de miedos.

Así como un poquito de comida saludable al día no te servirá para bajar de peso o mejorar tu salud, un poquito de proteína mental al día tampoco será suficiente para cambiar tu vida. Para cambiarla de verdad, tus pensamientos dominantes deben ser positivos, de agradecimiento, deben estar enfocados en las soluciones y no en los problemas. La palabra clave es DOMINANTE. Tu alimentación mental debe estar compuesta DOMINANTE-MENTE de libros y videos inspiradores, oración o meditación, pensando en tus metas y en cómo lograrlas, haciendo listas de agradecimiento y sosteniendo conversaciones productivas que sumen a tu vida y a la de los demás.

No se trata de que nunca puedas tener un pensamiento desagradable. Lo que estoy sugiriéndote es empezar a cuidar de manera consciente cada pensamiento que dejas entrar en tu mente y cada producto, conversación o video que consumas. En otras palabras, tener una dieta mental que fortalecerá tu mente, tu salud y tu estado emocional.

Verás:

La gente feliz tiene pensamientos de felicidad.

La gente angustiada tiene pensamientos de miedo.

La gente enojada tiene pensamientos de rabia y frustración.

Si una persona se levanta en la mañana y empieza a pensar: *¡Qué pereza ir a trabajar, estos hijos míos no sirven para nada, el mundo está podrido, la economía es un desastre, en mi empresa me explotan,*

> *La palabra clave es DOMINANTE. Tu alimentación mental debe estar compuesta DOMINANTEMENTE de libros y videos inspiradores, oración o meditación, pensando en tus metas y en cómo lograrlas, haciendo listas de agradecimiento y sosteniendo conversaciones productivas que sumen a tu vida y a la de los demás.*

qué desgracia este tráfico...!, ¿crees tú que esa persona va a entrar a la oficina cantando y con una expresión de felicidad en su rostro? Por supuesto que no, porque como piensas, así te sientes.

> *Si en tu mente hay sapos y culebras, por la boca no te van a salir flores.*

En cambio, el que se levanta, le da gracias a Dios por todo lo que tiene, visualiza sus metas, aprecia a sus seres queridos, piensa que trabajar es una oportunidad y no una obligación, consume proteína mental (canciones motivadoras, videos inspiradores, etc.), ¿cómo crees que entra a su oficina?

Es muy probable que la persona que entra contenta a trabajar sea alguien con pensamientos dominantes positivos.

> *Tu felicidad no se construye día a día, sino pensamiento a pensamiento.*

PUNTOS CLAVE DE ESTE CAPÍTULO

Las emociones se forman en tres pasos:

1. Primero, sucede el evento, que es neutral.

2. Luego, tú haces una interpretación del evento basándote en tu historia y tus experiencias. No es la realidad, sino tu realidad interpretada.

3. Como consecuencia de tu interpretación (positiva o negativa) surge una emoción.

La dieta mental

Además de lo que piensas y de cómo interpretas los eventos, lo que consumes del mundo exterior afecta tus emociones y la química de tu cuerpo.

En lugar de consumir chatarra mental (como noticias, amarillismo, drama y conversaciones tóxicas), absorbe proteína mental (lecturas y videos positivos, oración, meditación, humor).

La ley del pensamiento dominante

Pensar positivo solo por un rato no cambiará tu vida, del mismo modo que comer saludable solo en la mañana no cambiará tu salud. Para cambiar y mejorar tu vida, tus pensamientos dominantes deben ser optimistas, constructivos y enfocados en las soluciones. La palabra clave es DOMINANTE.

EJERCICIO

Utiliza el triángulo de las emociones para cambiar el significado de alguna situación cotidiana que te causa estrés. Por ejemplo: el tráfico, la cantidad de trabajo, la actitud de otra persona, las cuentas por pagar.

Situación que te causa estrés (recuerda que es neutral).

_____

_____

_____

Significado que le das a esa situación y que hace que te cause estrés o ansiedad (tu realidad interpretada).

_____

_____

_____

¿Qué nuevo significado podrías darle para minimizar o neutralizar su impacto en tus emociones o incluso volverla una situación positiva?

_____

_____

_____

La próxima vez que estés ante esa situación, recuerda esto último que escribiste. Al cambiar el significado, cambiará tu emoción.

¿Qué clase de chatarra mental consumes con frecuencia? Marca una X al lado de lo que consumes:

_____ Información excesiva, noticias

_____ Drama

_____ Chisme

_____ Amarillismo

_____ Pensamientos negativos

_____ Crítica destructiva hacia ti mismo y los demás

_____ Quejarte

_____ Victimizarte

_____ Conversaciones tóxicas o negativas

_____ Películas de terror, muerte, violencia

Otros: _____

_____

¿Qué proteína mental te comprometes a consumir diariamente?

_____ Lecturas de no ficción sobre temas que sumen a tu vida

_____ Orar

_____ Meditar

_____ Agradecer

_____ Trazarte metas

_____ Visualizar tus metas

_____ Reírte, ver películas de humor

_____ Hacer ejercicio

_____ Bailar

_____ Cantar

_____ Videos inspiradores

_____ Audiolibros, podcasts (motivadores o que te ayuden en tu campo de acción)

_____ Afirmaciones positivas o frases motivadoras

Si sufres de ansiedad, quiero regalarte una grabación de afirmaciones que puedes oír todos los días y que, poco a poco, irán reprogramando tu mente para la paz, la tranquilidad y el bienestar.

Visita https://www.yopudetupuedes.com/ afirmaciones/o escanea este código.

CAPÍTULO 5

Cómo mejorar la parte de tu sistema nervioso que te calma

«Cuando aprendes a controlar tu respiración y traes a tu mente el aquí y el ahora, tu ansiedad se esfuma».

—Amit Ray

PERMÍTEME, POR UNA SOLA PÁGINA, hablarte en términos técnicos, pues es importante que entendamos cómo funciona una parte de nuestro sistema nervioso. Leyendo y estudiando más para entender las causas fisiológicas de la ansiedad que sentía, así como la falta de aire, el mareo y la taquicardia, aprendí sobre el sistema nervioso autónomo: la parte del sistema nervioso que controla y regula los órganos internos como el corazón, el estómago, y los reflejos y acciones involuntarias, por ejemplo, la dilatación de las pupilas, la digestión y la presión sanguínea. El sistema nervioso autónomo está dividido en tres partes: el sistema nervioso simpático, el parasimpático y el entérico. Acá hablaremos solamente del simpático y el parasimpático. El sistema nervioso simpático (a veces, lo llamo «el antipático») es el que activa nuestra respuesta de *pelea* o *huye*. Digamos que si vas por un callejón oscuro y te das cuenta de que alguien te está siguiendo, el «acelerador» entra en acción (el sistema nervioso simpático) y apresura tu corazón, dilata tus bronquios para que inhales más oxígeno, hace llegar más sangre a tus músculos para que puedas huir y dilata tus pupilas para un mayor enfoque, entre otras cosas, con el fin de ayudarte ya sea a pelear o a salir corriendo.

En una situación así experimentamos un estrés agudo y eso es bueno, porque te protege. El problema sería que te quedaras así de estresado y nervioso de manera ocasional. Tú llegas temblando a tu casa, le cuentas a todos lo que te pasó en el callejón y en un rato te calmas. Ahí, cuando te calmas, es cuando entran en acción tus «frenos» (tu sistema nervioso parasimpático) y accionan el reflejo de *relájate y digiere*, que te lleva a un estado de calma.

Entonces, son dos estados: *pelea* o *huye* (acelerador, te protege de eventos peligrosos), y *relájate* y *digiere* (los frenos, que te devuelven al estado de calma y te mantienen allí).

¿Cuál es el problema? Pues que al tener muchos estímulos y una comunicación negativa constante contigo mismo, los «frenos» trabajan tanto que se empiezan a «desgastar».

Te haré una ilustración. En Medellín, mi ciudad natal, el Aeropuerto Internacional José María Córdova no queda en el valle de Aburrá, donde está la ciudad, sino en Rionegro, que es en las montañas. De manera que si tú bajas por la carretera vieja (ahora, hay un túnel que te lleva directo a la ciudad), vas a descender frenando como por cuarenta minutos. Debido a eso, cuando vas llegando a Medellín, empiezas a sentir el olor a quemado de las pastillas de los frenos de tu carro.

Cuando tienes estrés crónico, te has quedado en un estado casi constante tipo *pelea* o *huye*, con el acelerador a mil por hora. Es como si fueras bajando del aeropuerto por la montaña, frenando y frenando, y como es apenas obvio, tus frenos emocionales se desgastan y les cuesta frenarte y regresarte a tu estado de calma. En otras palabras, tienes hiperactivo tu sistema nervioso simpático —el encargado de activar la respuesta *pelea* o *huye*—, que de simpático no tiene nada, pues cuando él se hiperactiva, te genera miedo y ansiedad, te acelera el pulso, respiras rápido y corto y, en resumen, te hace sentir como que al frente tienes un león que te quiere comer. La pequeña diferencia es que el león no está allí.

Caja de herramientas

La pregunta ideal aquí es: ¿cómo podemos ayudar a activar nuestro sistema nervioso parasimpático y calmar al antipático?

A continuación, te compartiré siete prácticas que elevan el tono del sistema nervioso parasimpático, o sea, que fortalecen tus frenos y te llevan a conseguir un agradable estado de calma.

1. **Practica la respiración diafragmática.** Esto es, respirar despacio por la nariz, inflando el estómago y exhalando despacio por la boca. Si ves a un bebé respirando, te darás cuenta de que siempre infla su barriguita. Esa es la manera correcta de respirar y nos ayudará a calmarnos. Inhala despacio, inflando el estómago, y exhala despacio por la boca. Para saber si lo estás haciendo bien, puedes recostarte y poner un objeto como tu celular (por ejemplo) y observar cómo este se eleva cuando inhalas y baja cuando exhalas. La respiración diafragmática controlada ha demostrado reducir la ansiedad, el estrés y el cortisol. Al practicarla, activas tu sistema nervioso parasimpático (tus frenos) y ayudas a tu cuerpo a desechar el dióxido de carbono que está haciéndote sentir desorientado y con pánico.

2. **Rescate: una meditación para salirte de tu mente.** Si es en la mente donde está toda la ansiedad, ¿por qué no salirnos de ella un rato? Esta es una forma de meditación muy efectiva para manejar el estrés y la he bautizado con el nombre de **RESCATE:** **R**espira, **ESCA**nea, libera la **TE**nsión.

> *La respiración diafragmática controlada ha demostrado reducir la ansiedad, la depresión y el estrés, y mejorar tu capacidad de enfocarte. Practícala por lo menos dos minutos al día.*

Esta práctica consiste en sentarte en un lugar cómodo y hacer varias respiraciones diafragmáticas (inflando el estómago cuando inhales). Luego, retomas tu ritmo normal de respiración y empiezas a escanear tu cuerpo, empezando con cada dedo de cada pie a la vez que observas qué sientes (frío, calor, hormigueo, el contacto con los zapatos, etc.). No juzgues ninguna sensación como mala ni buena, solo es eso: una sensación. Así, vas subiendo por cada parte del cuerpo y, a medida que la vas escaneando, vas liberando la tensión en esa parte específica, terminando en el cuello, la cabeza y la mandíbula, donde acumulamos mucha tensión.

Otra forma poderosa de meditación es la oración, sentado en un lugar cómodo y tranquilo, conectándote con tu poder superior y dejando todo lo que te preocupa en sus manos amorosas.

Si quieres tener una grabación de esta meditación guiada por mí, entra al link https://www.yopudetupuedes.com/manejoestres/o escanea este código QR y descárgala totalmente gratis:

3. **Calienta tus manos.** Toma algo caliente en tus manos (que no tenga cafeína, pues te pondrá más ansioso). Puede ser un té de hierbas naturales, un chocolate caliente o la mano caliente de un ser querido. El Dr. Daniel Amen asegura que también te puedes calentar las manos con tu mente (imagina vívidamente que las tienes frente a un fuego o chimenea y las manos suben de temperatura), logrando así calmar tu sistema simpático. En un estudio que él mismo hizo, descubrió que sus pacientes lograban aumentar la temperatura de sus manos hasta veinte grados usando solo su imaginación. Así

que, si no tienes a mano un té caliente o una mano amiga, cierra los ojos y calienta tus manos haciendo uso de tu imaginación. Otra opción es comprar calentadores automáticos para las manos (los hay desechables o eléctricos). Yo tengo uno eléctrico en mi mesa de noche que, al encenderlo, tiene tres opciones de temperatura para calentar tus manos bastante rápido. Los encontrarás en tiendas donde venden productos para temperaturas extremas y en algunas tiendas por departamentos.

4. **Huele aceite con esencia a lavanda.** Pon un poco en tus manos e inhálalo o usa un difusor para activar tus frenos emocionales y sentirte en calma. Hay extensivos estudios que demuestran el efecto calmante de la lavanda, por ejemplo, uno hecho con ratones en la Universidad de Kagoshima, en Japón. Los ratones que inhalaron linalool (un alcohol natural de la lavanda) tuvieron un comportamiento similar a aquellos tratados con medicinas contra la ansiedad como Xanax, con la diferencia de que la lavanda no afectó su movilidad. Ve a https://www.google.com/amp/s/qz.com/quartzy/1433041/smelling-lavender-can-relax-you-and-reduce-anxiety-new-study-finds/amp/

5. **Practica la atención plena.** Mientras respiras y calientas tus manos, centra toda tu atención en el presente. Elige algún objeto frente a ti, por ejemplo, una planta. Empieza a ver cada hoja, cada vena de cada hoja, los diferentes colores, y maravíllate con todo lo que tus ojos puedan percibir. Olvídate del pasado y del futuro, pues no existen. Lo único real es el momento presente. Fija toda tu atención ahí y deja ir todo lo demás. La técnica RESCATE que ya te mencioné —Respira, ESCAnea tu cuerpo con tu mente, libera la TEnsión— es también una práctica de atención plena. Si aún no has descargado esta meditación, te dejo una vez más el código y el link

para que puedas disfrutarla: https://www.yopudetupuedes.com/manejoestres/

6. **Introduce el humor en tu vida.** Permíteme contarte la historia de un hombre que se rio de la muerte. Se trata de Norman Cousins, que trabajó como editor de la revista *Saturday Review*, en Nueva York, y fue un gran ejemplo del poder de la mente y la química del cuerpo sobre nuestra salud. A la edad de 11 años, Cousins fue diagnosticado con tuberculosis de manera errónea, motivo por el cual tuvo que pasar una temporada hospitalizado sin necesidad. Esa experiencia, aseguraba él, le sirvió para aprender a ser más fuerte y enfocarse en llevar una vida más atlética. En su edad escolar, se destacó como escritor, llegando a ser el editor del diario colegial y, tras culminar sus estudios, trabajó para el *New York Post* y luego fue reclutado para pertenecer al *Saturday Review*. Es decir, su vida no podría ir mejor.

Un día, llevado por el dolor de sus articulaciones, decidió visitar al médico, que lo diagnosticó con una enfermedad bastante rara, perteneciente a lo que se conoce como enfermedades del colágeno. Así las cosas, Cousins decidió buscar una segunda opinión médica y no solo le confirmaron su diagnóstico, sino que le descubrieron una espondilitis anquilosante: una enfermedad degenerativa que contrae las vértebras de la columna hasta hacer perder la movilidad, causando dolores demasiado fuertes.

Cousins quiso saber cuáles eran las posibilidades de recuperarse, pero la respuesta que recibió no fue para nada alentadora, pues solo uno de cada quinientos casos se recuperaba de esa enfermedad. Así que, según sus médicos, sus días estaban contados.

Lo asombroso es que ese diagnóstico no logró que Norman Cousins se deprimiera ni se sintiera derrotado. Por el contrario, él sabía que la mayoría de los pacientes empeoraba a gran velocidad una vez que conocía su diagnóstico, dado que se atormentaban con la idea de morir. (Obvio, los pensamientos de miedo y angustia, junto con la «sopa de veneno», comienzan a hacer efecto en el cuerpo). Ante su situación, él decidió hacer todo lo contrario: pidió que le instalaran un proyector de películas en su cuarto del hospital y que le proyectaran únicamente comedias. Además, invitaba con frecuencia a sus amigos y familiares con el propósito de que le llevaran libros de chistes y lo hicieran reír tanto como fuera posible. Pronto, Cousins descubrió que —entre más se reía— más dormía sin que el dolor lo despertara. Ante eso, renunció a todo tipo de medicamentos, excepto a dosis altas de vitamina C y una infinidad de carcajadas.

Eran tantas las risas que salían de su habitación en el hospital, que le pidieron abandonarlo si se negaba a seguir el tratamiento que los médicos le recomendaban. Él se fue, se instaló en un hotel y siguió con su terapia de risas.

Contra todo pronóstico, Norman Cousins se recuperó de una enfermedad «incurable» y, pasado un tiempo, logró volver a jugar golf, montar a caballo y tocar el piano. Y aunque los médicos aseguraban que no tendría mucho tiempo de vida, sino meses quizás, sobrevivió veintiséis años más después del diagnóstico y vivió riendo hasta el último de sus días.

Quiero terminar de hablar de esta herramienta con una recomendación, y ojalá la tomes tan en serio como tomas una fórmula o receta médica: incluye el humor en tu vida. Por lo menos, media hora al día, ríete, cuenta chistes con tu familia y tus amigos, sigue a humoristas en las redes sociales o busca videos que te causen risa. Aprende también a reírte de ti y no te tomes la vida tan en serio. Aunque quizás en un momento no sientas ganas (como a veces no queremos tomar una medicina), hazlo. La risa te relaja, fortalece tu sistema inmunológico, protege tu corazón y te ayuda a disfrutar de una sensación de bienestar general, entre otros muchos beneficios. Así que no es un chiste, ¡hay que reírse!

7. **Activa el reflejo mamífero de inmersión.** Por último, si sientes que un ataque de ansiedad es inminente o tienes «los nervios de punta», recurre al reflejo de inmersión de los mamíferos. Este ejercicio contribuye a detener todos los síntomas físicos de un ataque de ansiedad y activa tus «frenos» de manera rápida y efectiva. Te explico: cuando un mamífero se sumerge en agua fría, su ritmo cardíaco se calma, o sea, se detiene la taquicardia y se optimiza el uso del oxígeno, priorizando el cerebro y el corazón. Pero tranquilízate, en medio de tu ansiedad, no tienes que ir a nadar al mar o a un lago para activarlo. Son los nervios de tu cara los que activan este reflejo. Entonces, toma un recipiente ancho donde quepa toda tu cara y llénalo con agua helada; si puedes, ponle un par de cubos de hielo. Luego, sumerge ahí tu rostro por treinta segundos o lo que más puedas aguantar, asegurándote de cubrir bien todas tus mejillas. ¡Eso es todo! Aunque yo no conocía esta espectacular técnica cuando tenía ataques de pánico, sí experimenta una gran calma cuando estoy nadando en el mar y la he usado varias veces cuando siento una activación exagerada de emociones negativas. Funciona, es

gratis y segura. Solo una advertencia: si tienes bradicardia o alguna condición cardíaca, consulta con tu médico antes de activar este reflejo.

Recuerda que esto también pasará

Sea lo que sea que estés atravesando, recuerda que todo pasa. Si sientes mucha angustia, es que simplemente el «antipático» está teniendo una reacción exagerada, al igual que una computadora que tiene un «virus» y está reaccionando mal cuando no tendría por qué hacerlo. Pero poco a poco, manejando tu diálogo interno y usando las técnicas que estás aprendiendo en este libro, irás reparando tus «frenos» —o sea, activando tu sistema nervioso parasimpático— y volviendo a la calma y al control.

PUNTOS CLAVE DE ESTE CAPÍTULO

1. El sistema nervioso autónomo (se maneja solo) tiene una especie de acelerador y unos frenos. El «acelerador» se activa en momentos de estrés para que *pelees* o *huyas* de una situación de peligro, y los «frenos» te regresan a la calma.

2. Con tantos estímulos que nos estresan, vamos perdiendo el equilibrio entre el «acelerador» y los «frenos».

3. Al implementar algunas de las prácticas que repasamos en este capítulo irás «reactivando tus frenos» y cada vez te será más fácil manejar la ansiedad y el estrés: respiración diafragmática, meditación y oración, calentar tus manos, oler aceites de lavanda, practicar la atención plena, introducir el humor en tu vida y activar el reflejo mamífero de inmersión.

REFLEXIÓN

Basado en las herramientas que aprendiste en este capítulo,
¿qué acciones diferentes vas a empezar a realizar día a día?

_____

_____

_____

_____

_____

_____

_____

CAPÍTULO 6

Los «PENAS» (pensamientos negativos automáticos) que debes eliminar de tu vida. Las distorsiones que hay en tu mente y cómo sacarlas de allí

«Tú tienes poder sobre tu mente, no sobre eventos externos. Date cuenta de esto y encontrarás fuerza».

—Marco Aurelio

PERMÍTEME HABLARTE UN POCO DE los que llamo PENAS. Sí, PENAS, que proviene de pensamientos negativos automáticos.

Lo que estoy tratando de decirte es que no porque sepamos que la persona con la que más hablamos es con nosotros mismos, ya no vendrán pensamientos negativos a nuestra mente.

Ellos seguirán viniendo en automático toda la vida sin que los invites. Van entrando a tu mente como «Pedro por su casa». El problema no es que vengan a visitarte, el verdadero conflicto sucede cuando te pones a conversar con ellos y los invitas a quedarse.

En el capítulo 4 te di una técnica bastante útil para cuando sientas que tus pensamientos son compulsivos. Esto quiere decir que aún les temes y sientes que te «controlan». Recordarás que ese ejercicio consistía en darles la bienvenida a tus pensamientos, ponerles un nombre como *bobitos* para minimizarlos, dejarlos pasar como nubes y distraer tu mente.

En este capítulo, vamos a hablar de cómo yo manejo esos pensamientos hoy. Cuando sientas que ya no te angustian y que retomaste el control de tu mente, te recomiendo que empieces a gestionar los pensamientos negativos automáticos de la manera que te lo explico en este capítulo.

Imagínate que un ave de rapiña, apestosa y llena de sangre se para en tu cabeza. Supongo que tú no la consentirías, ni le darías comida, ni le pondrías nombre a semejante animal que puede hasta sacarte los ojos, ¿verdad? Lo más seguro es que la espantarías de inmediato, porque si la acaricias, le das comida y le pones nombre, a lo mejor ella se siente cómoda y decide hacer un nido en tu cabeza.

Engordaría, pondría huevos y, por ahí derecho, se haría caca en tu mente.

Cuando viene a mi mente un PENA (pensamiento negativo automático), le contesto y le pongo límites, tal y cómo se le ponen a un niño cada vez que está haciendo algo que no es correcto. Por ejemplo, digamos que pienso: *Ay, ¿Y-SI se nos caen las ventas de este mes?* ¡Yo no voy a consentir a ese gallinazo! ¡A ese cuervo! ¡No, bajo ninguna circunstancia! Lo que hago es contestarle y espantarlo. Le respondo algo como: «Si se contrae la economía, ¡pues hacemos más publicidad, contactamos a más gente y triplicamos nuestros esfuerzos! ¡Para afuera!». Y enfoco mi energía en soluciones, oportunidades y opciones en lugar de quedarme conversando con el pensamiento negativo y agrandándolo.

Voy a darte cinco ejemplos de lo que pueden ser PENAS o pensamientos negativos automáticos para que empieces a eliminarlos de tu vida:

1. **El hombre o la mujer de la mancha.** Esta persona empieza con pensamientos como: *Tal cosa me arruinó el día, Tal comentario me arruinó el viaje.* Tiene una situación o un día maravilloso por delante y deja que un solo comentario o situación le «arruine» toda la experiencia. Permite que eso le «manche» el momento. «Es que mi hermano se emborrachó y arruinó mi boda», es un ejemplo de este PENA. Por qué no decir: «Mi boda tuvo cosas hermosas, mi familia estaba allí, todos se esforzaron y nos acompañaron, bailamos, comimos y no importó que mi hermano se pasara de tragos». ¿Ves? Se trató de una simple y pequeña mancha en una hermosa hoja llena de maravillas. Por consiguiente, no permitas que esa simple falla manche todo el papel.

2. **El adivino.** Surge cuando tratamos de adivinar lo que las personas están pensando y en lugar de hacerlo en positivo,

lo hacemos en negativo. Por ejemplo, te encuentras a un compañero de trabajo en un restaurante y no te saluda. De inmediato, recibes un pensamiento negativo automático: *¿Será que le caigo mal?*, *¿Le dirían algo de mí?* O piensas: *¡Qué arrogante! ¡Se cree superior!* Por qué no mejor pensar: *A lo mejor, no me vio* o *Está muy estresado y tal vez más tarde me salude*. Recuerda que siempre es mejor ser un paranoico inverso.

Dejemos de adivinar y pensar que quienes nos rodean tienen una agenda oculta para hacernos daño. Se trata de seres humanos igual que tú y yo, con sueños, miedos, luchas, y algunos hasta afrontan heridas profundas. Por lo tanto, no pongas la llave de tu felicidad en el bolsillo de otra persona, ni dejes que la «loca de la casa» te monte películas mentales que solo te hacen daño a ti.

> *Imagina que el mundo entero se está confabulando para que tú tengas éxito y seas feliz. Al final, esta es tu vida y el guion de tu película lo escribes tú.*

3. **El absolutista.** Es ese tipo de pensamiento que tiende a usar términos completamente determinantes, tales como: *todo, nada, nunca, siempre*. Quienes los sufren utilizan frases que incluyen estos términos. Por ejemplo: «Mis hijos *nunca* me obedecen», «*Nada* me sale bien», «*Todo* el mundo es malo», «Mi jefe *siempre* me ignora».

La mayoría de las situaciones tienden a no ser cien por ciento buenas o malas, blancas o negras. Más bien, van en tonos grises. Nadie es perfecto. Todos tenemos fortalezas y áreas de oportunidad.

Si una esposa dijera: «Mi marido nunca me oye», lo más probable es que esté mintiéndose y convenciéndose de algo que no es real. Por supuesto que habrá momentos en que sí la oye y otros en que no. «¡*Todo* me sale mal!». ¿*Todo*? ¿Tienes ojos? ¿Piernas? ¿Techo y comida? Entonces, créeme que no *todo* te sale mal. Y si no me crees, vuelve al ejercicio en el que enumeraste cien cosas por las cuales estás agradecido. Por qué no mejor intentar decir: «Esto me salió mal, pero muchas cosas me salen bien». «Mi marido hoy no me escuchó, pero otras veces sí me presta atención». Evita generalizar, pues de ese modo te harás daño a ti mismo, sacarás de proporción el problema y podrías terminar afectando tus relaciones.

4. **El fatalista.** Es aquel pensamiento anticipador de desgracias que nos lleva a pensar que lo peor va a pasar. Por ejemplo, si vamos a presentar un examen, nos enfocamos en pensar que vamos a sacar una mala nota; si tenemos una entrevista de trabajo, pensamos que no nos lo van a dar; si nos dirigimos a hacer una venta, pensamos que el cliente al que vamos a visitar ni siquiera nos va a atender. Incluso una visita al médico se nos convierte en una tortura, pensando que nuestra salud está muy mal.

El fatalista es otra versión de Y-SI. En lugar de decir Y-SI aplazo, Y-SI no puedo, Y-SI no lo logro, más bien, haz un ensayo mental y repasa en tu mente las acciones que llevarás a cabo para dar lo mejor de ti y aumentar tus probabilidades de éxito.

No es la práctica la que hace al maestro, *es la práctica perfecta* la que hace al maestro. Y la práctica perfecta se hace en la mente. El ensayo mental es una técnica usada por atletas profesionales, empresarios exitosos y vendedores de talla mundial, por medio de la cual repasan en su mente varias veces cómo van a suceder las cosas, cuál va a ser su forma de actuar, cómo se sentirán, qué resultados obtendrán (antes de que suceda, por supuesto). Repasa en tu mente varias veces los resultados que quieres obtener en el partido, el examen, la venta, en fin. Practicar esta técnica ha demostrado elevar en gran manera las probabilidades de éxito.

5. **El binocular.** ¿Has usado binoculares alguna vez? Entonces sabrás que un lado de ellos aumenta lo que estás viendo y el otro lado lo minimiza. Usamos el PENA del binocular cuando aumentamos lo malo en nuestra vida, lo exageramos y lo sacamos de proporción y, por el contrario, tendemos a minimizar las cosas buenas. También lo hacemos con

> ¿Y si no lo logras? ¡No importa! Unas veces se gana y otras se aprende, pero nunca se pierde. ¡Así que pensamientos fatalistas, para afuera!

las personas. Aumentamos en nuestra mente sus áreas de oportunidad (no me gusta la palabra defectos, nadie es defectuoso) y disminuimos todas sus fortalezas o bondades. El binocular es una cuestión de enfoque. ¿Te estás enfocando y agrandando lo bueno en tu vida? ¿O te estás enfocando y agrandando lo malo?

El apartamento sagrado. Mi mente, el espacio que más debo cuidar

Soy una persona a la que le gusta la armonía. Me fascina el orden, me agrada mucho la limpieza y me encantan los espacios minimalistas donde no hay demasiadas cosas y el ambiente se siente limpio e iluminado. De hecho, me encanta la arquitectura moderna con sus espacios blancos y mucha luz.

Un día, pensando en todo lo que había aprendido sobre el *diálogo interno*, entendí que mi mente era como mi casa o mi apartamento y tenía que mantenerla ordenada y limpia para sentirme serena. Así que, desde ese momento, decidí llamarla «mi apartamento sagrado».

Si a tu casa llegara una persona desagradable, odiosa, con malos comentarios y chismosa, que entrara en ella no solo con el único propósito de criticarte, sino de reprochar también a tus seres queridos, y además intentara decirte que te va a ir mal en la vida, que tus hijos son unos malcriados, que se van a enfermar, que tu casa es horrible, que eres un fracaso, en fin... ¿la invitarías a almorzar y la hospedarías en tu casa? ¿O, por el contrario, le pedirías con firmeza que se retire de allí de inmediato?

Bien, si no le permites a alguien así de tóxico quedarse en tu casa, menos debes permitirle quedarse en tu mente, que es tu apartamento sagrado.

Cuando entendí eso, decidí que solo tendría huéspedes —o sea, pensamientos y recuerdos— en mi apartamento sagrado que sumen a mi vida, que me hagan sentir bien, que me ayuden a encontrar soluciones a mis desafíos, que me motiven a lograr mis metas, que me inspiren en todo lo referente a mejorar mi salud. En síntesis, que me hagan sentir mejor.

Desde ese momento, resolví que ninguna situación que ocurriera me robaría mi paz. Por ejemplo, si alguien me cortaba el camino en la autopista, yo no iba a permitir que ese hecho se quedara dando vueltas en mi apartamento sagrado, arruinándome el resto del día. Entonces, aprendí un proceso para que ninguno de esos «bobitos» se instalara mucho rato en mi mente.

Cómo limpiar mi apartamento sagrado

A continuación, te daré tres pasos para que logres sacar a todos esos malos inquilinos mentales que te están complicando la vida y empieces a limpiar tu apartamento sagrado:

1. **Observa.** Escribe tus pensamientos destructivos. Observa tus pensamientos negativos, identifica cuál PENA o distorsión cognitiva estás usando (el hombre o la mujer de la mancha, el adivino, el absolutista, el fatalista o el binocular) y escríbelo.

   Cuando te sientas mal, empieza por escribir en qué estás pensando, sin juzgar tus pensamientos, sin cambiarlos en el papel; solamente escríbelos, esfuérzate en hacerlo tal cual lo estás pensando.

   Es importante que lo pongas por escrito y no solo que lo hagas en tu mente, porque cuando escribes, es más fácil ordenar tus ideas y diferenciar aquello que es fantasía o exageración de lo que es realidad y está basado en hechos.

2. **Cuestiona.** Analiza si son basados en realidad o fantasía. Por ejemplo, si escribiste que estás teniendo un pensamiento negativo automático (PENA) absolutista como: *Mi hijo nunca me agradece, solo exige y pide*, ahora, en el paso de cuestionar, mira el papel y pregúntate: «¿Nunca, nunca? ¿O algunas veces?». Si quieres, puedes escribir los momentos en que tu hijo no solamente te ha agradecido, sino que te ha hecho un regalo o te ha demostrado su cariño.

3. **Cambia.** Substitúyelos con un significado o enfoque constructivo. Tú tienes control de tu mente. Ella no tiene control sobre ti. Imagina que tu mente es como un televisor y tú tienes el control remoto. Tú decides qué canal quieres ver: uno de terror o uno positivo. Entonces, si ya escribiste que tu hijo «nunca agradecía» y al cuestionarlo te diste cuenta de que muchas veces él sí lo ha hecho, este es el momento de cambiar ese pensamiento absolutista por uno más objetivo: Mi hijo es un niño maravilloso, tiene actitudes normales de un adolescente, pero muchas veces me abraza y me dice que me quiere. Sé que él me aprecia y me ama. Cuando se porte mal, puedo ponerle una consecuencia sin generalizar su acción, evitando hacerlo sentir como si fuera un niño malo.

También puedes hacer una lista de todas las cualidades que tiene tu hijo y de algunas maneras en que podrías comunicarte mejor con él. Invierte por lo menos cinco minutos de tu tiempo en pensar qué o cómo hacer para cambiar este pensamiento negativo y convertirlo no solo en un pensamiento, sino en una experiencia positiva para ambos. También puedes agradecer todas las cosas positivas que tu hijo ha traído a tu vida con su sola presencia.

Quisiera contarte cómo empecé a cambiar implementando estos tres pasos. Cuando me daban los ataques de pánico, empecé a tenerle miedo al miedo. ¿Qué quiero decir con esto? Que no me atrevía a salir de mi casa, porque me daba miedo que me diera un ataque de pánico. Tenía la distorsión cognitiva del fatalista.

Entonces, decidí comenzar a usar este sistema. Cada vez que sentía miedo de salir, tomaba papel y lápiz y me concentraba en anotar lo que estaba pensando, sin juzgar mis pensamientos. Simplemente, anotaba.

Primero, hacía el paso de *observar*. Varias veces observé que mis pensamientos dominantes en ese momento eran de este estilo: *¿Y-SI me sucede algo sola manejando y me quedo paralizada en mitad de la calle? ¿Qué pasa si nadie me puede ayudar? Y-SI me siento desorientada, ¿qué voy a hacer? ¿Y-SI causo un accidente? ¿Y-SI me muero sola en la calle?* Una vez que los escribía, ya me sentía mejor. Aun antes de cuestionarlos, empezaba a racionalizar lo absurdo de varias de las cosas que escribía.

El paso 2 es *cuestionarlos*, así que empezaba a hacerlo, escribiendo razones lógicas que les quitaban fuerza a esos pensamientos. Por ejemplo: *Ya varios médicos me dijeron claramente que nada está mal con mi corazón, así que no me va a dar un infarto ni me voy a morir en plena calle.* También pensaba: *Si me mareo y me siento mal, me parqueo o me bajo en un lugar y me siento en el suelo y ya. De todas maneras, si me desmayo, del suelo no paso.* Observaba otros pensamientos como el de «¿Y-SI nadie me puede ayudar?», y los cuestionaba diciéndome: «Siempre va a haber un alma caritativa que lo ayuda a uno, siempre. Si me siento mal, alguien me apoyará para hacerle una llamada a mi esposo o me acompañará y, de alguna forma, la gente siempre te ayuda».

Por último, aplicaba el paso 3, que es *cambiar* esos pensamientos que ya cuestioné. Por lo tanto, decidí hacer afirmaciones como: «Yo soy fuerte, no estoy sola, mi poder superior me acompaña, la gran mayoría de los seres humanos son buenos, me van a entender y me van a ayudar si lo necesito».

También empecé a hacer ejercicios de respiración y a practicar en mi mente lo que haría si me sentía mal.

En muchas ocasiones, los miedos que tenemos son a lo desconocido, ya que la mente busca lo que le es familiar. Esto hace que te asuste pensar en una situación en la que no sabes qué te va a pasar. El caso es que empecé a hacer el ensayo mental, viviendo la situación muchas y muchas veces en mi mente de la manera que yo quería que sucediera: me visualizaba manejando tranquila, respirando, veía con total claridad qué iba a hacer si me sentía mal, y entonces poco a poco empecé a sentirme confiada. Fue así como, al fin, me llené de valor y decidí salir manejando sola y empecé a perderle miedo al miedo.

Piensa cuando estabas en el colegio o en la universidad y te tocaba hacer una exposición de un tema específico. Si no lo dominabas, te ibas por las ramas, el nerviosismo se apoderaba de ti, no sabías qué hacer o qué decir. Pero cuando lo dominabas y tenías un guion de lo que pensabas decir, las cosas cambiaban por completo, el escenario era muy distinto, porque sabías de lo que hablabas. Por lo general, en la vida ocurre lo mismo. Si no tenemos un guion con el que nos preparamos para dominar la situación, esta terminará por dominarnos a nosotros. Prueba siempre el ensayo —el ensayo mental—, revisa la situación muchas veces y practica en tu mente lo que vas a decir, visualízate sintiéndote cómodo allí y haciéndolo bien. Te vas a sorprender de cómo, cuando llegues a la situación que ensayaste, te sentirás sereno y sabrás con exactitud qué hacer y qué decir. Así, irás reentrenando tu mente y, poco a poco, las acciones que te causan angustia se volverán más fáciles de manejar.

> *El cerebro es un órgano maravilloso. A pesar de que en la edad adulta ya no crece en tamaño, siempre sigue creando nuevos caminos neurológicos, nuevas conexiones, se va reentrenando y todo el control emocional se va volviendo más fácil.*

Entrenar nuestro cerebro para sentirnos bien es parecido a levantar pesas. Cuando vas al gimnasio por primera vez, es probable que te cueste levantar una pesa tres o cuatro veces, pero entre más lo haces, más fácil se vuelve y, poco a poco, desarrollas más fuerza y eres capaz de levantar la pesa hasta cuarenta veces sin mucho esfuerzo.

En otras palabras, es cuestión de práctica. Si llevas veinte, treinta o cuarenta años pensando de forma negativa, te va a tomar un tiempo limpiar, redecorar y tener un apartamento mental lindo y agradable. Sin embargo, irás viendo el cambio gradualmente, un pasito a la vez, pensamiento a pensamiento, sin desesperarte, sin pausa, pero sin prisa. Si yo, que era hipocondríaca, claustrofóbica, tenía ataques de pánico y depresión lo logré, tú también lo lograrás, te lo garantizo. La mente es maravillosa y tú la vas a ir reprogramando para sanar y vivir mejor.

¿Sopa de «veneno» o de «felicidad»? Por qué los pensamientos son «tangibles»

¿Alguna vez te has preguntado si los pensamientos son tangibles? Yo siempre pensé que mis pensamientos eran algo que no se podía tocar.

Para mi sorpresa, descubrí que ellos hacen que nuestro cuerpo segregue determinadas sustancias. Cada vez que tienes un pensamiento de miedo, que dejas entrar a un terrorista a que se instale en tu apartamento sagrado, *tu acelerador se activa* y empiezas a segregar una sopa de veneno que te va enfermando, como exceso de adrenalina y cortisol.

Este veneno va afectando todos tus sistemas —tu sistema cardiovascular, tu sistema digestivo, tu sistema nervioso, tu sistema inmunológico— y pueden empezar a aparecer enfermedades como colitis, gastritis, migrañas, insomnio, fatiga y muchas más.

La buena noticia es que también funciona de la manera opuesta. Es decir, cada vez que te ríes, que tienes un pensamiento positivo, que abrazas a un ser querido, oras o meditas, tu cuerpo empieza a segregar endorfinas, dopamina, serotonina y oxitocina. En otras palabras, generas «una sopa de felicidad» que fortalece todos tus sistemas —incluyendo el inmunológico— y que te ayuda a sentirte bien. Entonces, los pensamientos, ni son abstractos ni son inofensivos. Cuidar y mantener pensamientos de serenidad, agradecimiento, soluciones y metas contribuye a tener una química en tu cuerpo que fortalece tu salud y tu bienestar.

Recuerda que tu bienestar es tu responsabilidad. Nadie se va a encargar de hacerte sentir bien. Por eso dicen que la locura es seguir haciendo lo mismo y esperar diferentes resultados.

PUNTOS CLAVE DE ESTE CAPÍTULO

1. El hecho de que sepas que la persona con la que más hablas eres tú mismo no significa que ya nunca más tendrás pensamientos negativos. Ellos seguirán viniendo a visitar tu mente de manera automática. Por eso, los llamo PENAS: pensamientos negativos automáticos.

2. En el capítulo 4, aprendiste a manejar los pensamientos negativos compulsivos, aquellos que sientes que te dominan. En este capítulo, aprendiste una forma más directa de manejarlos que se llama *observa, cuestiona y cambia.*

3. *Observa* primero si estás teniendo un tipo de PENA o distorsión cognitiva de estas categorías: el hombre o la mujer de la mancha, el adivino, el absolutista, el fatalista o el binocular; luego, *cuestiona* esos pensamientos y *cámbialos* por pensamientos constructivos.

4. Tu mente es tu «apartamento sagrado». No invites a quedarse allí a inquilinos tóxicos que te angustian y te roban la paz.

5. Los pensamientos que tenemos hacen que nuestro cuerpo segregue químicos y hormonas. Si son negativos, segregaremos una «sopa de veneno» que podría enfermarnos. Si son positivos, segregamos una «sopa de felicidad» que contribuirá a nuestro bienestar.

EJERCICIO

Observa. Cuestiona. Cambia

Observa. Escribe pensamientos negativos que has tenido en los últimos días y que te están causando estrés, e identifica qué tipo de PENA son (el hombre o la mujer de la mancha, el adivino, el absolutista, el fatalista o el binocular):

_____

_____

_____

_____

Cuestiona. Cuestiona esos pensamientos que acabas de escribir. ¿Qué tan reales son? ¿Son exagerados o sacados de proporción? ¿Cuáles son las probabilidades de que sucedan?

_____

_____

_____

_____

Cambia. Escribe acá los nuevos pensamientos que vas a usar con respecto a la situación que te causa estrés (pensamientos más generosos, enfocados en posibilidades y oportunidades). También puedes escribir cómo lo vas a ensayar en tu mente. Cómo será esta situación para que sea perfecta.

_____

_____

_____

_____

CAPÍTULO 7

La «loca de la casa» versus tu cerebro ejecutivo: ¿quién ganará?

«Habla cuando tienes rabia y habrás dado el mejor discurso del cual siempre te lamentarás».

—Ambrose Brierce

El que reacciona pierde

EL 28 DE JUNIO DE 1997 tuvo lugar una esperada pelea de boxeo entre Mike Tyson y Evander Hollyfield. Tyson, después de verse perdiendo en varios rounds, no contuvo su furia, escupió su protector de la boca y le mordió la oreja a Hollyfield hasta que le arrancó un pedazo y lo escupió. Este atroz hecho fue un shock para el mundo del boxeo y le costó su carrera en el ring al antiguo campeón de peso pesado, a tal punto que —en parte— lo llevó a la bancarrota. Si Tyson se arrepintió o no, no lo sé; lo que sí sé es que el que reacciona con rabia o violencia pierde. Siempre.

Permíteme preguntarte: ¿alguna vez le has gritado a alguien?

¿Has mandado un correo electrónico o un mensaje de texto con enojo para, minutos u horas después, arrepentirte? ¿Te ha ocurrido que, de pronto, vuelves a leer lo que escribiste y piensas: *¿Por qué envié esto?* O, a lo mejor, ¿has tenido que pedir disculpas, porque sabes que se te fue la mano en lo que dijiste?

¿Cómo es posible que hace unas horas escribías algo que te parecía absolutamente justo y merecido y que, un par de horas después, lo estés releyendo y te des cuenta de que era exagerado por completo, sacado de proporción o injusto?

Bien, imagínate que en la parte de atrás de tu mente está «la loca de la casa», una mente primitiva y muy emocional. Por el contrario, en la frente tienes tu cerebro ejecutivo —corteza prefrontal— que es como una especie de mente sabia y evolucionada.

Si dijiste que la loca de la casa, diste en el clavo, pues tus emociones pasan primero por el cerebro emocional y es ahí cuando sientes furia, ganas de gritar, insultar o llorar, sin medir tus acciones ni lo que sale de tu boca, pues te parece que te asisten el derecho o la razón. En otras palabras, no estás pensando, sino reaccionando, tal como lo hizo Tyson en la pelea que arruinó su carrera como boxeador, su nombre y sus finanzas.

> *Cuando tus emociones entran a tu mente, ¿quién crees que las espera en la puerta? ¿La loca de la casa o el cerebro ejecutivo?*

Luego, esas emociones viajan hasta llegar a tu cerebro ejecutivo. Si tu mente —donde está la loca de la casa— no cuenta con una buena vía que la conecte con el cerebro ejecutivo, ese viaje puede tomar horas o días para que te calmes y veas la situación desde una perspectiva más lógica.

Ahora, si tu cerebro emocional y el ejecutivo están bien conectados, son mucho menores las posibilidades de que te descontroles o saques de proporción la situación.

¿De qué nos sirve toda esta explicación? Bueno, lo importante acá es llevarte a entender que, cada vez que tengas rabia, que quieras «ahorcar» a alguien, que sientas ganas de gritar o insultar, mejor no hagas nada, porque estarías actuando bajo el mando de la loca de la casa —de la parte emocional de tu mente— y ya sabemos qué pasa cuando le dejamos a ella el control.

Si tienes una necesidad muy grande de expresar todo aquello que sientes, tampoco es sano que lo guardes. Lo mejor que puedes hacer para sacar esos sentimientos de tu cuerpo y no intoxicarte con ellos es escribirlos, pero no le envíes a nadie esa descarga. Más bien, deja allí tu escrito y vuélvelo a leer cuando estés más calmado, en capacidad de usar tu cerebro ejecutivo. Verás que lo más probable es que lo termines editando o incluso borrando.

Si no quieres escribirlo, intenta bailar, respirar, tomar una ducha, caminar, pues todas esas actividades interrumpen el patrón de rabia o estrés que tienes y no te permitirán seguir el «guion» que es casi seguro que habrás usado muchas veces para enojarte.

El guion que usas para estresarte

¿Cuál es ese guion? Contesta estas preguntas y lo entenderás.

Por lo general, cuando estás enojado o estresado, ¿qué tipo de pensamientos tienes? Escríbelos:

_____

_____

_____

_____

¿Cómo están tus músculos y tu mandíbula?

_____

_____

_____

¿Es tu respiración profunda y relajada o corta y acelerada?

_____

_____

_____

¿Está tu enfoque en la lección y en la solución o en lo que no puedes cambiar?

_____

_____

_____

_____

Ahora, vuelve a leer lo que escribiste. Ese es tu guion para sentirte mal o enojado y es un patrón. Los patrones se rompen haciendo cambios intencionales dramáticos, que saquen a la mente de ese estado lo más rápido posible. A veces, cuando noto que me estoy estresando o enojando, brinco y empiezo a bailar y a cantar (me fascina la canción de Celia Cruz titulada «La vida es un carnaval»). Muchas veces, termino riéndome sola, pero logro salirme totalmente del guion y poner las cosas en su justa perspectiva casi de inmediato.

> No dejes que tu cerebro emocional tome el control de tus acciones. Recuerda: el que reacciona con rabia, pierde.

Igual que Mike Tyson, hay millones de personas que han perdido carreras, partidos, negocios, relaciones significativas y hasta su libertad, todo por reaccionar bajo el mando del cerebro emocional. Infinidad de personas dicen palabras o dan golpes que después, aunque se arrepientan, no se pueden borrar.

Durante trece años, produje y presenté un programa de televisión llamado «Margarita, te voy a contar» en Nicaragua. Era un programa social con historias profundas e impactantes que dejaban lecciones de vida en los televidentes. Muchas veces, le hice entrevistas a gente privada de libertad. Entrevisté personas condenadas por tráfico de drogas, homicidio, violación, robo y también a un asesino en serie. Eso me llamó siempre la atención. Todos aquellos a quienes entrevisté por homicidio lo habían hecho solo una vez. Eran muchos homicidas y solo un asesino. La diferencia radica en que el homicidio pasa de repente, al calor de una discusión. En cambio, el asesinato es premeditado y planeado. Muchos de los presidiarios que conocí y pagaban una condena por homicidio estaban sumamente arrepentidos: «Me cegué», «No me controlé», «Me dominó la ira» eran frases comunes que solía oírlos decir. Todo, para unas horas después de haberle quitado la vida a alguien decir: «¿Qué hice?», «¿Qué estaba pensando?», «¿Cómo es posible?».

Todos ellos actuaron bajo el mando de su cerebro emocional —la loca de la casa— y cuando su cerebro ejecutivo tomó el control, ya era demasiado tarde.

Sé que tú no vas a ir a matar a alguien, sin embargo, ¿cuántas veces herimos con la lengua y decimos cosas dolorosas de las que después nos arrepentimos? ¿O tenemos reacciones que pueden hacernos perder una relación, un negocio, un trabajo, un partido importante o dañar a nuestros hijos?

¿Cómo construir una mejor «carretera» entre la loca de la casa y el cerebro ejecutivo?

Imagina que la distancia entre tu cerebro emocional y el ejecutivo no es muy larga, pero si no hay una vía rápida de comunicación, sino que están interconectados solo por un camino de tierra lleno de baches, con hoyos, subidas y bajadas, la posibilidad de que tus emociones lleguen en poco tiempo al cerebro ejecutivo es muy baja.

La buena noticia es que a medida que vas practicando el control de tu diálogo interno, empiezas a mejorar esa «carretera», vas aprendiendo que, cuando dejas que el tiempo transcurra y no te enfocas en la situación que te llenó de ira o frustración, cuando interrumpes el guion o patrón, cuando tu diálogo interno no le echa gasolina sino agua al fuego, el camino se va «pavimentando» e incluso se va ampliando hasta lograr una autopista maravillosa entre tu cerebro emocional y tu cerebro ejecutivo. Entonces, una vez que estos dos cerebros están mejor conectados, empiezas a notar cómo las cosas que antes te molestaban ya no te perturban, sino que te resbalan, y ahora es mucho más difícil que algo o alguien te robe la paz.

Cuando logres construir esa maravillosa autopista que comunique a la perfección tu cerebro emocional con el ejecutivo, tus reacciones serán diferentes, sentirás que tienes el control y habrá muchas veces en que te «resbalarán» las ofensas y los malos gestos de los demás.

Recuerda esto siempre: los palos y las piedras pueden herirte, pero las palabras o actitudes de otros solo pueden herirte si tú les das el poder para hacerlo.

En el año 2014, le dio la vuelta al mundo la imagen del futbolista brasilero Dani Alves comiendo un banano en pleno partido. Aunque al principio fue sumamente negativa, Alves convirtió aquella situación en un acto positivo.

En el minuto setenta y cinco, antes de cobrar un tiro de esquina, un aficionado racista le lanzó un banano para insultarlo. Alves no se molestó y lo que hizo fue comerse el banano tranquilo. Cuando le preguntaron qué había pensado en el momento en que vio el banano, Dany Alves dio una respuesta genial, que demuestra cómo los seres humanos tenemos el poder de darle el significado que queramos a cada situación: «¡POTASIO!». Esa fue su respuesta, ¿puedes creerlo? ¡Qué maravilla el manejo que le dio a su mente y sus emociones! Cuando vio el banano, en lugar de pensar algo como: *¡Me están insultando, qué falta de respeto, qué persona tan arrogante!*, o algo por el estilo, eligió pensar: *¡Qué bien, potasio!*, y esa energía le ayudó a conectar los pases que terminaron en gol.

Otro ejemplo es el de la actriz mexicana Salma Hayek, que ha tenido mucho éxito en Hollywood. Mientras muchos le decían que su acento al hablar inglés le aseguraría el fracaso, ella siempre lo vio como una ventaja. Entonces, donde algunos ven problemas o insultos, otros ven oportunidades. Cómo sentirte es siempre una decisión.

Cuando alguien trate de ofenderte, no permitas que voces negativas de afuera se conviertan en voces negativas de adentro (de tu cabeza). En lugar de empezar a decirte a ti mismo: «¡Esta persona es una desgraciada que me quiere hacer daño, qué se cree, me humilló, me dolió!», más bien, cambia el significado de lo que te están diciendo. Recuerda: tu mente es una máquina de crear significados y tú tienes el control de ellos. Podrías pensar, por ejemplo: *Pobrecita esta persona que siempre se ve tan enojada, debe estar herida... quién sabe qué problemas tiene, pero yo no me voy a dejar robar mi paz, ni un minuto, debido a su enojo. ¡Para afuera esas voces negativas!*

Ya sacaste a Y-SI de tu apartamento sagrado. Ahora, no permitas que las palabras o actitudes tóxicas de otras personas ingresen a tu mente a hacerte daño. Así como ya aprendimos a no tener pensamientos negativos, también debemos aprender a no dejarnos contaminar por la negatividad de los demás.

> *Ten compasión, pues la mala actitud en otras personas lo único que denota son heridas emocionales, problemas o baja inteligencia emocional, pero recuerda: no pongas la llave de tu paz ni de tu felicidad en el bolsillo de otros.*

«Vísteme despacio que voy de prisa»: cómo mantener «encendido» tu cerebro ejecutivo en momentos retadores

Es precisamente en los momentos de angustia, ansiedad y nerviosismo cuando más necesitas guardar la calma. Hay una frase muy famosa que se le atribuye a Napoleón, la cual dice: *«Vísteme despacio que voy de prisa»*. Y no podría ser más cierta.

Cuando te pones nervioso, tu cerebro ejecutivo, es decir, tu cerebro sabio, se apaga. Entonces, debido a tus reacciones, suelen ocurrir desgracias o problemas mayores.

Por ejemplo, imagina que una familia está de viaje y van saliendo tarde de la casa para el aeropuerto. Y como ven que no avanzan, ni logran salir, hay mucha ansiedad en el ambiente y el papá y la mamá empiezan a discutir, gritarse y recriminarse el uno al otro: «¡Siempre vamos tarde por tu culpa!», «¡Te dije que nos levantáramos más temprano!». En medio de los gritos y la ansiedad, salen todos de la casa en un taxi para el aeropuerto, pidiéndole al taxista que maneje lo más rápido posible, que van con el tiempo muy medido, poniendo en riesgo a los que van en el taxi y pudiendo causar un accidente. Además, la discusión no se detiene ahí, ni cuando se bajan del taxi, ni en la fila para registrar las maletas. Papá y mamá siguen culpándose hasta que llegan al mostrador de la aerolínea, donde les piden sus pasaportes y, después de buscar en cada bolso y chaqueta, se dan cuenta de que los dejaron en casa.

Vuelo perdido, vacaciones canceladas, no hay cupo, es temporada alta y el tiempo no alcanza para volver a casa por los pasaportes y tomar el vuelo. ¡Qué lástima! ¡Cuántos momentos se pierden, porque reaccionamos con rabia, tenemos hiperactivado el cerebro emocional y el cerebro ejecutivo está apagado! En otras palabras, no estamos pensando, sino reaccionando. Si esta familia hubiera respirado profundo en casa, y dicho algo como: «Calmémonos, todos estamos ansiosos. Tú pide el taxi y yo voy a asegurarme de que no se nos quede nada importante», lo más probable es que habrían llegado un poco cortos de tiempo igual, pero con sus pasaportes y unos niños felices y no angustiados.

Mientras escribo este capítulo, mi esposo tiene coronavirus. Anoche, fue difícil. Él tiene cincuenta y siete años y es hipertenso. Al final de la tarde, empezó con una tos muy fea y un ruido extraño al respirar, así que decidí medirle la saturación de oxígeno y le había bajado a noventa. En ese momento, decidimos irnos a la sala de emergencias. No te voy a negar que los PENAS me invadieron. Es mi esposo, mi socio, mi mejor amigo. *¿Qué voy a hacer si se muere?* Mi mente quiso empezar a darle vueltas a este pensamiento, en otras palabras, empezar a alimentar al ave de rapiña que se había posado sobre mi cabeza.

Yo iba manejando y él a mi lado, con ese ruido extrañísimo en el pecho. Así las cosas, respiré varias veces, hice una oración y decidí no pensar nada negativo. Iba manejando y, ciertamente, los nervios a altas horas de la noche y al volante no ayudarían. Muchos accidentes pasan camino al hospital, porque el que va manejando le entregó el control de su mente al cerebro emocional. De modo que, calmada y tomándole la mano, llegamos a la sala de emergencias. No me dejaron pasar de la puerta. Lo acompañé toda la noche por el celular, llamándonos cada treinta minutos, más o menos. Lo estabilizaron, lo nebulizaron, le pusieron cortisona y no sé qué otras medicinas intravenosas, le hicieron una placa de los pulmones y a las 5:00 a. m. salió, respirando mejor, gracias a Dios.

¿Te imaginas si me hubiera puesto histérica? ¿Nerviosa? ¿Despertado y asustado a mi hija mayor que no vive con nosotros? ¿Que mi hijo menor me hubiera visto en pánico? Calma, ¡siempre, calma!

¿Sabes cuál es la principal habilidad que les enseñan a los astronautas? A no entrar en pánico. Estando en el espacio, si pasas el mando del cerebro ejecutivo al cerebro emocional, podrías tomar una decisión causada por la angustia, oprimir el botón equivocado y el desastre será mayúsculo.

> *Antes de entrar en pánico, procura tener presente que el noventa y cinco por ciento de las cosas negativas que te imaginas nunca suceden y que, si el peligro es inminente (un infarto, por ejemplo), más razón hay para mantener la calma, respirar y usar el cerebro ejecutivo, pues si actuamos bajo el mando de la mente emocional, podemos convertir algo malo en algo muy malo y tener un accidente, arruinar las vacaciones o tomar una muy mala decisión en un momento crucial.*

Regresando a la frase famosa de Napoleón que ya cité: «Vísteme despacio, que voy de prisa», entiendo que lo que él quiso decir es que, cuando más urgencia hay, más calmado necesitas estar, pues es en esos momentos cuando no hay espacio para errores ni malas decisiones.

Voy a relatarte acerca de una vez que me dejé «secuestrar» por mi cerebro emocional y dejé de pensar. Sí, dejé de pensar; eso es lo que pasa cuando te pones nervioso y permites que tus emociones tomen el mando.

Esta historia sucedió en un viaje que hice a Nicaragua en el año 2019 con mi esposo y mis hijos. Nos estábamos hospedando en la casa de mi suegra, en Managua, y vino al apartamento una señora que me hace unas terapias. Ella es muy profesional y amable, la conozco desde hace años, pero también es muy nerviosa.

En una ocasión, me contó que su hijo la ha invitado varias veces a visitarlo en Estados Unidos y que ella no va porque le dan miedo los aviones y sentirse encerrada le produce mucha ansiedad. Esa señora me genera mucha empatía, pues recuerdo cuando yo era claustrofóbica y nerviosa, y me duele mucho ver a alguien sufrir así.

Cuando subimos al elevador, ella se agarró de mis hombros, empezó a temblar y me dijo: «¡Para nos montamos aquí, para qué nos montamos aquí, nos hubiéramos ido por las escaleras!». En ese momento, me sentí un poco nerviosa al verla tan asustada, ya que no había pasado nada.

Al elevador del edificio de mi suegra hay que ingresarle un código para subir, lo cual hice, pero la pantalla marcaba error. Yo respiré tranquila y volví a ingresar el código, pero de nuevo marcó error. Ella levantó la cabeza y me preguntó con una voz de pánico que qué pasaba, así que le dije: «Tranquila, respira, el código no funciona». En ese momento, ella me soltó y empezó a gritar y a pegarles a las paredes del elevador, que, por cierto, es muy pequeño. Ella gritaba aterrorizada, mientras lloraba: «¡Sáquennos de aquí, nos vamos a morir, no puedo respirar, esto no puede ser!».

Yo, la verdad, empecé a ponerme más nerviosa y la loca de la casa me decía que a ella le iba a dar un infarto, un paro respiratorio o que, mínimo, se iba a desmayar. Pensé: *Se va a morir y es mi culpa, porque no me acuerdo del código*. Temblando, tomé mi celular y traté de llamar a alguien, pero me di cuenta de que no tenía señal, así que probé con el celular de ella, que era de Nicaragua, ya que el mío es estadounidense, pero tampoco tenía señal. Tocamos la alarma varias veces, pero nadie contestaba, y ella gritaba y lloraba, diciendo que se iba a morir. Yo le pedía que respirara, que se sentara; ella me decía que no, sin parar de gritar y llorar. Así estuvimos más o menos quince minutos, los cuales obviamente se nos hicieron eternos, hasta que al fin alguien pidió el elevador y este subió, se abrió y pudimos salir.

Estando ya en el apartamento de mi suegra, le dimos un té de manzanilla y estábamos tratando de calmarla cuando mi hijo Alejandro, que tenía trece años en ese entonces, llegó y nos preguntó qué pasaba. Yo le expliqué lo que había sucedido y él me preguntó: «Mamá, ¿en qué piso estaban?». Yo le contesté: «En el de abajo, en el primer piso». Y me dice él: «¿Y por qué no apretaste el botón de abrir la puerta?». Me quedé en absoluto silencio, ¡no lo podía creer! Era tan obvio, todo lo que yo tenía que haber hecho era apretar un botón y el elevador se hubiera abierto, porque estábamos en el primer piso. Sin embargo, como me puse nerviosa al verla a ella gritar y llorar, y me proyectaba al miedo que yo les tenía antes a los lugares encerrados, mi cerebro ejecutivo no funcionó, y entonces simplemente no pude ver una respuesta obvia que tenía frente a mí.

De hecho, esto es muy normal. Como te mencioné, al angustiarnos se «apaga» nuestro cerebro ejecutivo y cometemos errores como el que hice en el elevador... o peores.

Varias veces he escuchado noticias de personas que han muerto ahogadas. Me llamaba la atención que, en muchas ocasiones, esas tragedias no implicaban a una, sino a dos personas, porque cuando una se estaba ahogando, la otra se tiraba al agua para salvarla y la que se estaba ahogando, en medio de su histeria, terminaba ahogando también a quien estaba tratando de ayudarla. Uno podría preguntarse, ¿pero quién con su cabeza bien puesta va a ahogar a la persona que está tratando de salvarlo? Sin embargo, es lo mismo que estaba explicándote. En ese momento, la persona no está pensando con su cerebro ejecutivo, con su cerebro evolucionado, ya que está en pánico. Por lo tanto, su cerebro evolucionado se apaga. Es como si no estuviera pensando.

¿Qué hago cuando siento furia hacia alguien?

Permíteme explicarte un término del que, a lo mejor, ya has oído hablar: *neuroplasticidad*. Este es el vocablo que se utiliza para describir la capacidad que tienen las neuronas de regenerarse y formar nuevas conexiones. Verás, en un adulto, el cerebro ya no crece de tamaño, pero sí puede cambiar, desarrollando nuevos caminos neurológicos e incluso llegando a tener una «autopista maravillosa» que une al cerebro emocional con el ejecutivo.

Tal vez, no reaccionar con gritos o pánico la primera vez sea difícil, pero cada vez que lo logras, gracias a la neuroplasticidad, irás mejorando tus conexiones neurológicas o tus «carreteras»; e irás «poniéndoles pavimento» y, poco a poco, verás que lo que antes te sacaba de tus casillas ya no te afecta.

A continuación, te daré algunas técnicas que te ayudarán en momentos en que sientas ganas de reaccionar con furia o veas que vas a entrar en pánico. Por medio de ellas, mantendrás la calma, usarás tu cerebro ejecutivo e irás «pavimentando» o mejorando tus conexiones neurológicas.

1. **Respira profundo.** Siempre respira profundo, inflando el estómago. Tu cerebro necesita el veinte por ciento del oxígeno que entra en tu cuerpo. Tu cuerpo usa primero el oxígeno para funciones básicas que te mantienen vivo, las prioriza, y deja de últimas las funciones más complejas como mantenerte enfocado y en calma. Si estás respirando mal, privas de oxígeno a tu cerebro y vas a sentirte más ansioso, enojado, confundido y hasta deprimido. Recuerda: respira inhalando por la nariz e inflando el estómago como te enseñé en el capítulo 5 y piensa en una frase como «Paz interior, paz interior». Repite en tu mente varias veces «Paz interior» cada vez que inhales. Sostén la respiración tres segundos y luego exhala por la boca, pensando en la palabra «Suelto» y soltando toda la tensión de tus músculos. Haz esto cinco veces y te sentirás más tranquilo.

2. **Échale agua y no gasolina a la chispa.** Cuando una emoción pasa por tu sistema límbico, tu parte emocional es como una chispa y tú, con tu diálogo interno, decides si le echas agua o gasolina a esa chispa. Volvamos a lo que me pasó anoche con mi esposo. La chispa se prende (¿Y-SI se muere? ¿Y-SI sufre?). De inmediato yo, con mi diálogo interno, empecé a echarle agua a esa chispa: «Respira, Margarita, las estadísticas están a nuestro favor. Lo más probable es que Alejandro salga bien, él no fuma, no toma licor, ha sido deportista, vamos en camino a un excelente hospital, respira». Y así pasé varios minutos hasta que me calmé, echándole agua a la chispa para que no se volviera un incendio. Pero ¿qué habría pasado si, en lugar de echarle agua, le hubiese echado gasolina a esa chispa con mi diálogo interno? Ejemplos de pensamientos llenos de

gasolina serían: *Dios mío, ¿Y-SI se muere? ¿Y-SI lo dejan en el hospital y lo entuban ahí solo? ¿Si tiene que quedarse sin la familia y muere solo, como les ha tocado a tantas personas? ¡Qué dolor, y nosotros desesperados por verlo y sin poder hacerlo! ¿Qué voy a hacer yo sola? ¡Mis hijos van a sufrir mucho también! ¿Te imaginas?* Habría entrado en pánico, lo cual no me hubiera servido para nada, no hubiera sido prudente mientras manejaba, y me hubiera hecho un gran daño físico por la gran descarga de adrenalina y cortisol. Hoy, mi esposo amaneció muchísimo mejor, no tiene tos, ni fiebre, y sigue en el curso de su recuperación.

3. **Piensa a largo plazo.** Esta pregunta me ayuda muchísimo cuando quiero reaccionar con rabia o decir algo feo: «¿Qué quiero lograr a largo plazo? No en este momento, sino a largo plazo». Supongamos que tienes un hijo adolescente y le dijiste varias veces que arreglara su cuarto antes de salir. Sin embargo, cuando entras a su habitación, ¿qué encuentras? Todo desordenado. ¡PUM! La chispa se enciende, vas a llamarlo a su celular y quieres gritarle una serie de ofensas como: «¡Eres un perezoso, desobediente, no haces nada, eres un flojo!». Es probable que hasta salgan ofensas mayores de las cuales te arrepientas cuando tu cerebro ejecutivo tome control de tu mente.

> *Siempre piensa en tu propósito a largo plazo con tus hijos, con un cliente, con tu pareja, con tus seres queridos, en fin. ¿Qué es más importante? ¿Ventilar tu rabia o cuidar la relación? ¿Formar o deformar a tus hijos?*

Estoy casi segura de que ya antes has probado varias veces esta técnica de gritar y perder el control y que, por lo tanto, ya sabes que no funciona. Así que, la próxima vez, intenta respirar como te expliqué en el punto 1 y hazte esta pregunta: «¿Qué quiero para mi hijo a largo plazo?».

¿Es más importante ofenderlo hoy para yo descargar mi ira o formarlo y cuidar de su autoestima para que tenga un futuro mejor? Escribe tus ideas si es necesario, y piensa en maneras más efectivas que te ayudarán a lograr lo que quieres para él a largo plazo. Por ejemplo: «Voy a calmarme, voy a llamarlo y le voy a decir que regrese a casa. Que hasta que no esté limpio su cuarto, no tiene permiso de salir. Que él es un joven muy capaz y que, porque lo amo, no puedo permitirle que no siga las instrucciones». Ten presente que, cuando gritas, no estás formando, estás deformando y enseñándoles a tus hijos que la violencia es una forma válida de comunicación.

¿Ser optimista es no ser realista?

«El pesimista ve una dificultad en cada oportunidad.
El optimista ve una oportunidad en cada dificultad».
—**Winston Churchill**

Muchos critican a la gente de actitud positiva, aduciendo que no son realistas, que viven en una nube y que no ven la realidad de los problemas.

Ser optimista no significa no ver la realidad. Supongamos que un emprendedor tiene su negocio propio y que se pasa el día entero diciendo: «¡No hay competencia, no hay competencia!». Si eso es todo lo que este empresario hace a diario, no me cabe ni la menor duda de que la competencia terminará quedándose con todos sus clientes. Ser optimista, ser positivo, es disfrutar trabajando en tu negocio y con tu equipo, cuidando siempre a tus clientes para que no se quieran ir con la competencia. Si sabes que el cliente tiene otras opciones, también sabes que hay competidores y, por esa razón, tomas las medidas necesarias para cuidar tu negocio. De igual modo, si un cliente se te va, tratas de recuperarlo o de aprender la lección para que no se te vayan más. El punto es entender que existe competencia y tomar medidas para proteger tu negocio, pero sin dejarte robar la motivación ni el disfrute de tu trabajo ante la idea de que algo podría destruirlo.

¿Recuerdas que hablamos acerca de que la mente es una máquina de producir significados? El estilo o tendencia que tiene una persona para darles significados a las situaciones, bien sea positivo o negativo, es a lo que llamamos *estilo explicativo*. Las personas nerviosas y enojadas tienden a tener un estilo explicativo pesimista, y las más serenas y motivadas suelen inclinarse hacia un estilo explicativo optimista.

El ejemplo de ver el vaso medio lleno o medio vacío sigue siendo maravilloso. Se trata de la misma situación vista por un pesimista (el vaso medio vacío) o por un optimista (el vaso medio lleno).

La palabra optimista viene del latín *optimum*, que significa *lo mejor*. Dicho esto, ser optimista es tener la capacidad de ver el mejor escenario posible en cada situación.

El año 2020 nos permitió ver a muchos optimistas en acción, a personas que ven el mejor escenario en la situación que afrontan. Entre los alumnos de nuestra universidad online he conocido a gente que construyó negocios fabulosos, como aromaterapia para los tapabocas, ayudándote a relajar y respirar mejor; un salón de belleza que llevaba a la experta colorista a la puerta de tu casa, que te observaba, manteniendo la distancia, y ahí mismo hacía la mezcla de tu tono de cabello y te la entregaba con guantes para que tú misma te hicieras el color; emprendedores que pasaron de las ventas al detal o *retail* —con sus tiendas cerradas— al comercio electrónico, creando un negocio más rentable que el que tenían antes... en fin, es innegable que «mientras unos lloran, otros venden pañuelos».

Martin Seligman, autor del libro *Optimismo aprendido*, realizó más de trescientas cincuenta mil entrevistas a hombres y mujeres en el transcurso de veinte años, observando en qué pensaban todos ellos la mayoría del tiempo. Lo que descubrió fue que la cualidad más destacada en la gente exitosa es el optimismo.

¿Recuerdas que te mencioné la expresión *paranoico inverso*? Un *paranoico inverso* se pasa la vida pensando que el mundo se está confabulando para que él o ella sea exitoso(a) y feliz. ¡Qué buena idea, esta es tu vida, la única que tienes y tú decides cómo vivirla!

Las personas más felices, tranquilas y saludables tienden a percibir las cosas viéndolas desde un ángulo positivo, como una lección, como una oportunidad... y muchas veces, como una bendición o un regalo.

> *Muchos estudios han demostrado que las personas optimistas tienen vidas más saludables, son más exitosas, viven más años, sufren menos de dolores y estrés, tienden a dormir mejor y a tener un sistema inmunológico más fuerte. Con tantos beneficios, ¿no tiene sentido ser optimista?*

Te doy un ejemplo: supongamos que trabajas con una persona muy odiosa y complicada. En otras palabras, con una persona que está herida. Si tu estilo explicativo es pesimista, tu diálogo interno tiende a ser: «Fulanito de tal está en contra mía, me odia, es humillante e irrespetuoso y lo que quiere es hacer que me despidan». Con este estilo explicativo, es probable que tu sentimiento sea de rabia.

Ahora bien, si tu estilo explicativo es optimista, lo más probable será que tu diálogo interno sea así: «Fulanito de tal está herido y, para mí, conocerlo es un regalo de crecimiento, porque él me permite practicar todo lo que he aprendido sobre inteligencia emocional y empatía. Me hace tener presente que yo no conozco lo que los demás llevan por dentro, ni mucho menos los problemas que están enfrentando». Notarás que, mediante el uso de este estilo explicativo más empático, más positivo, lo más probable es que tu sentimiento hacia esa persona sea de compasión. Ese es el poder del diálogo interno y el estilo explicativo.

> «No puedes tener una mente positiva y una vida negativa».
> —Joyce Meyer

Tú sabes que los desafíos en la vida están garantizados. Todos tendremos desafíos y retos que enfrentar. Sin embargo, la mayoría de las veces, el sufrimiento es opcional. Por lo general, empieza con la percepción, con la explicación que tú te das a ti mismo de lo sucedido.

Si alguien choca tu auto nuevo, puedes gritar, revolcarte y halarte los pelos, pero nada de eso arreglará el carro. Así mismo, también puedes creer que tu vida es una desgracia, que tienes mala suerte y nada bueno te pasa. O puedes pensar: *¡Qué bien que no me sucedió nada! El carro tiene reparación, ¡qué bueno que tengo seguro! A lo mejor, más adelante me iba a pasar algo peor y este pequeño accidente me impidió llegar a ese punto. ¡Eso es optimismo!* Siempre que me pasa algo, elijo pensar que fui protegida de algo peor. Hace dos días, mi hija me llamó, porque le remolcaron su carro. Sin darse cuenta, lo estacionó donde había un hidrante y la grúa se lo llevó. Obvio, creo que nadie va a celebrar y a brincar de felicidad porque su carro fue remolcado, pero sí puedes elegir si esto te arruina el día y te produce una migraña o si prefieres ver el lado bueno de la situación. Así las cosas, fui a recogerla y, camino al lugar donde tenían su carro, íbamos hablando de cómo todo pasa por algo bueno. «Quizás hubieras chocado o algo te iba a pasar, mejor que se lo hayan llevado». Acto seguido, hicimos la diligencia con total tranquilidad y el día continuó normal. En otras palabras, tú eliges: puedes ser pesimista y pensar que tienes mala suerte, que todo lo malo te pasa a ti, que cómo es posible, en fin... La pregunta es: ¿esta actitud resolverá el problema? ¡No! ¿Te hará sentir mejor? ¡No lo creo! Igual, es tu decisión.

Si de todas maneras vas a hablarte a ti mismo, ¿por qué no hacerlo de forma positiva? ¿Por qué no pensar que todo lo que te sucede tiene un propósito mayor para tu bien? Gastas el mismo tiempo siendo pesimista, enfermándote y llenándote de estrés que, siendo optimista, buscando el lado positivo o la lección que cada evento en tu vida te deja. Es la misma cantidad de tiempo, pero obteniendo resultados muy diferentes.

¡Cómo hubiese yo querido tener esta información en mi adolescencia! Entre mis dieciocho y diecinueve años, me asaltaron con un cuchillo en la calle para robarme una cámara. Después sufrí otro asalto y esa vez fue con pistola en la cabeza para robarnos el carro a mi hermana y a mí. En otra ocasión, estando en el centro de la ciudad, quise darle un chocolate a un niño como de doce años y él me puso un cuchillo en la mejilla para robarme mi cartera y un reloj que no valía ni diez dólares. Por fortuna, en todas esas ocasiones no puse resistencia y nada me pasó, solo sufrí las pérdidas materiales que no valen la pena. A pesar de que la ciudad vivía una ola de inseguridad, tantos asaltos a una misma persona no eran considerados «normales» y varias veces lo comentamos entre amigos.

Unos quince años después, ya estando casada y viviendo en Nicaragua, decidí hacer un episodio en mi programa de televisión con el tema «Exladrones nos ayudan a protegernos de los ladrones». Para mi sorpresa, hablando con esos jóvenes que estaban privados de libertad en la cárcel de Tipitapa por robo, hice un descubrimiento enorme sobre por qué la frecuencia de aquellos asaltos contra mí cuando yo estaba en Medellín.

Esta es más o menos la conversación que sostuve con uno de ellos.

Yo: ¿Cómo eligen a sus víctimas?

Él: Que no sea más fuerte que yo y que vaya «premiada». Generalmente, busco mujeres no muy atléticas o viejitos (refiriéndose a personas de la tercera edad).

Yo: ¿A qué te refieres con que vayan «premiadas»?

Él: Que lleven dinero en la bolsa o algo de valor.

Yo: ¿Y cómo determinas eso? ¿Cómo sabes si ellas llevan algo de valor?

Él: ¡Fácil! La que va «premiada», va nerviosa. Mira para un lado y para el otro, lleva el bolso debajo del brazo y lo agarra con la otra mano. La que está palmada (sin dinero) va tranquila, sin miedo.

¡PUM! En ese momento, entendí por qué yo era el objetivo perfecto para un asalto. Yo, como ya lo sabes, era pesimista, nerviosa, anticipadora de desgracias, tenía mil Y-SI: Y-SI me asaltan, Y-SI me matan, Y-SI no llego. Todo mi lenguaje corporal, probablemente, les decía a los ladrones: «Esta va premiada». Y aunque casi nunca andaba «premiada», pues no solía usar joyas, ni llevar mucho dinero, es probable que «atrajera» a los ladrones por lo que te expliqué.

Recordé el incidente de la cámara. La llevaba en mi mochila (no era visible), en una calle aledaña a mi universidad. ¿Cuántas personas caminaban por ahí con mochilas y lo más seguro es que solo llevaran libros? Cientos, quizás. Entonces, ¿por qué a mí? Porque era pesimista. Todo el tiempo miraba para todos los lados y «la loca de la casa» me mantenía nerviosa con todos sus Y-SI.

Hay muchos ángulos para entender que vivir la vida de manera optimista y ser un paranoico inverso no solo te hace feliz, sino que te protege de «atraer» situaciones incómodas, negativas o hasta peligrosas a tu vida.

PUNTOS CLAVE DE ESTE CAPÍTULO

1. Cuando reaccionas con rabia o de manera descontrolada, lo haces con tu cerebro emocional y no con tu cerebro evolucionado. Debido a esto, es probable que un tiempo después de tu reacción termines arrepintiéndote. ¿Por qué? Porque cuando la emoción llegue a tu cerebro ejecutivo o evolucionado, te darás cuenta de que exageraste, fuiste muy hiriente o sacaste de proporción la situación, en fin... que no reaccionaste de manera óptima.

2. Existen tres pasos que te ayudarán a no reaccionar impulsivamente bajo el mando de la loca de la casa: (1) Practica la respiración diafragmática. (2) Cuida tu diálogo interno para que le eches agua y no gasolina a esa «chispita» de rabia que se prendió en tu mente. (3) Piensa qué quieres a largo plazo. Reaccionar descontroladamente te da el beneficio a corto plazo de ventilarte, pero a largo plazo, tiende a causar daños profundos en tus relaciones, a hacerte perder un cliente o negocio, a deformar y no formar a tus hijos, y mucho más. Piensa siempre a largo plazo.

3. La manera en que te estresas tiene un guion: tu manera de pensar, los gestos que haces, etc. Aprende a interrumpir ese guion, gritando, brincando, riéndote o bailando. Es decir, haciendo algo brusco y positivo que interrumpa tu patrón.

4. Ser optimista no significa no ser realista. Más bien, significa que entiendes que hay potenciales amenazas y te cuidas para prevenirlas, pero no permites que nada de eso te robe tu paz. Eliges siempre ver el mejor escenario de las cosas sin vivir desconectado de la realidad.

EJERCICIO

Te propongo hacer este ejercicio por escrito, no con un teclado, sino a mano. Yo llamo a esta acción «bajar las cosas de la nube al papel». Al ponerlas en papel y verlas en palabras, puedes analizarlas con lógica y ver cuál es la mejor opción, la mejor decisión que puedes tomar en ese momento.

A continuación, harás un ejercicio en el que escribirás sobre algo que te está causando ansiedad y luego verás dos columnas: una que dice «Fantasía» y otra que dice «Realidad». Debajo de la que dice fantasía, escribe todos esos pensamientos que vienen a tu mente en un momento de ansiedad, pánico o enojo, los cuales no tienen ningún hecho o evidencia que los soporte, o sea, que puedes demostrar de manera lógica que las cosas son o serán así como las estás pensando.

Debajo de la columna que dice realidad, escribe las cosas como en verdad son, sin exageraciones, sin Y-SI y sin suponer lo que puede o no puede pasar. Describe simplemente los hechos, lo que está frente a tus ojos y puedes sustentar con evidencias.

Por ejemplo, si yo no hubiera ido manejando al hospital con mi esposo y hubiese hecho este ejercicio, lo más probable es que en la columna fantasía habría escrito:

- Se va a morir.
- Pobrecitos mis hijos, también van a sufrir.
- Lo van a entubar y va a estar allí solo.
- Voy a quedarme sola en esta vida.
- Si se muere, yo me vuelvo loca.

En fin... Fantasía, nada que tenga un soporte en la realidad.

Y en la columna que dice realidad habría escrito:

- Mi esposo tiene Covid-19 y está en proceso de recuperación.
- Los médicos van a determinar si su situación es grave o no.
- Mientras no tenga un diagnóstico, me enfocaré en este momento y mantendré la calma.
- Tenemos un buen seguro y él va a recibir cuidado de primera calidad.
- La ciencia ha avanzado mucho en el tratamiento del virus y las estadísticas están supremamente a nuestro favor; por la ley de las probabilidades, lo más seguro es que saldrá bien de todo esto.

DESCRIBE una situación que te está causando estrés o ansiedad:

_____

_____

_____

FANTASÍA	REALIDAD

Asume un estilo explicativo **optimista.** ¿Qué bien puede traer esto a tu vida? ¿Qué lección te enseña? ¿Te hace más fuerte? ¿Tiene esto algún lado positivo que puedas encontrarle?

Si la situación tiene solución, escribe tres acciones que puedes ejecutar para solucionarla (recuerda enfocarte solo en lo que puedes controlar):

_____

_____

_____

_____

Si la situación no tiene solución, escribe qué aprendiste de ella o cómo te hace más fuerte:

_____

_____

_____

_____

CAPÍTULO 8

Forma relaciones sanas

La única relación tóxica que tienes es contigo mismo.
Todas las demás son consecuencia de esa relación.

QUIERO EMPEZAR ESTE CAPÍTULO CON esta frase, porque me parece contundente. Cuando tenemos una relación disfuncional, se debe a que nos hemos involucrado en un «baile» disfuncional con otra persona. Si estás en una fiesta y alguien te invita a bailar, y tú le dices que no, no te verás involucrado en la danza. Del mismo modo, las peleas, los resentimientos y el «engancharse a bailar» con alguien que no está actuando de manera funcional son muestras de que debemos trabajar en... mmm... perdón, no en el otro, sino en nosotros mismos.

Ahora, vamos a la buena noticia: cuando tú cambias, todo cambia.

Una vez que vas sanando, tus relaciones empiezan a mejorar. Incluso muchas veces empiezas a alejarte de las relaciones que no suman a tu nueva manera de pensar y vivir.

A lo largo de mi vida he aprendido ciertos principios para tener relaciones más saludables y, por supuesto, quiero compartirlos contigo, ya que me han ayudado mucho al igual que a mi familia y mis seres queridos, y a todos aquellos que han querido sanarse y mejorar.

1. Tengo derecho a decir que NO

Debido a mi trabajo, paso mucho tiempo en aviones, yendo de acá para allá, dando conferencias y conociendo a gente maravillosa. A pesar de los cientos —a lo mejor miles— de horas de vuelo que he ido acumulando en estos veintisiete años, no deja de maravillarme la sabiduría que hay en una de las instrucciones que dan los auxiliares de vuelo antes de despegar: «En caso de que nuestra cabina pierda presurización, las máscaras de oxígeno caerán frente a usted». Luego, después de explicarte cómo funcionan las máscaras, añaden: «Asegúrese de colocarse y sujetar primero su máscara antes de tratar de ayudar a otra persona».

¡Fantástico! ¡Esto tiene todo el sentido del mundo! ¿Te imaginas morado, asfixiado, mareado, tratando de ayudar a otra persona a ponerse su máscara de oxígeno? Es probable que se ahoguen los dos, porque si uno mismo no está bien, ¿cómo puede pretender ayudar a otro? ¿Cómo vas a dar lo que no tienes? Es por eso que, si quieres tener paz, busca tenerla dentro de ti. ¿Quieres ser feliz? ¡Mantente lleno de felicidad! Nadie te la va a dar, pues proviene de tu interior, de tu diálogo interno, del significado que les das a las cosas y tu manera de verlas.

Es común ver a padres de familia diciendo frases como estas a sus hijos: «Ayuda a tu tía. No seas maleducada». «Tienes que ir a la fiesta de tu primo. Ellos te están esperando». Si bien es bonito querer y apoyar a las personas, encuentro que a mucha gente se les dificulta decir NO, ya que cuando éramos niños nos enseñaron que esa no era una opción. Yo era alguien que pensaba así.

En una ocasión, una tía mía que tenía una tienda de ropa en su casa de Miami me pidió que se la atendiera durante la tarde de un sábado, porque se le presentó una situación personal que necesitaba resolver. Por supuesto, le dije que sí. El problema era que ya le había prometido a una amiga, desde el principio de la semana que iríamos a la playa, así que ella me estaba esperando con el traje de baño puesto y todo. Y la verdad, yo me moría por ir.

Bueno, ahí estaba yo, con veintidós años y toda mi codependencia a flor de piel, pensando y meditando en cómo decirle a mi amiga que no iría y latigándome, porque ahora tendría que esperar hasta quién sabe cuándo para ir a la playa.

Me demoré mucho en avisarle a mi amiga y eso fue lo que más la molestó. «Me hubieras avisado más temprano y yo habría hecho otros planes». Además, solo una clienta acudió a la tienda de mi tía y no compró nada. Enojada con nadie y con todo el mundo, pasé una tarde terrible, culpando a diestra y siniestra. La verdad es que no fue culpa de nadie. Sencillamente, yo no sabía decir que no y esperaba que las personas leyeran mi mente. Hubiera resuelto el problema simplemente diciendo: «Tía, te quiero mucho, pero tengo planes». Sin embargo, eso es algo fácil de decir, pero no todos nos sentimos capaces de hacerlo.

Voy a contarte una historia hipotética —que seguro sucede todos los días— y quiero que al final me contestes una pregunta muy importante, ¿vale?

Es sábado por la noche y una pareja con tres hijos pequeños ha estado desde las cuatro de la tarde en la finca de unos amigos. Papá está tomando licor y se encuentra algo pasado de tragos. El reloj marca las once de la noche. Uno de los niños no para de llorar del cansancio y sus dos hermanitas ya se durmieron donde pudieron encontrar un rincón.

La madre le insiste al padre que por favor se vayan a casa, que ya es tarde y los niños están cansados. Él insiste en que solo beberá un par de copas más y se irán. Finalmente, a la medianoche, por insistencia de su esposa y ya incluso de sus amigos, él accede a irse a casa. Montan a sus hijos en el auto uno por uno y les abrochan sus cinturones de seguridad. La mujer le dice: «Permíteme manejar». Pero él le contesta con tono seguro y hasta un poco agresivo: «¡Ya te dije más de cinco veces que estoy bien, voy a manejar yo! ¡Punto!».

Los amigos también le sugieren: «Hombre, deja que ella maneje. Tú ya tienes varias copitas de más». El hombre se niega, se sienta en el puesto del chofer con su esposa al lado, abrochan sus cinturones y arrancan camino a su hogar. Él manifiesta que también está cansado y desea llegar a casa bien rápido, de modo que presiona el acelerador. Ella, casi al punto de las lágrimas, le ruega que disminuya la velocidad, que está tomado y se van a matar, pero esto solo hace que él se ponga más agresivo y acelere. La esposa decide callarse y empezar a orar. Y así va, casi sin aire del nerviosismo, sufriendo en cada curva, hasta que gracias a Dios llegan sanos y salvos a casa.

Ellos ya han vivido esta historia con frecuencia, y la verdad es que nunca se sabe cuándo el final pueda cambiar y terminar en una desgracia.

Aquí viene mi pregunta, cuya respuesta es de tremenda importancia. ¿Quién está actuando más irracionalmente? ¿El que maneja borracho (no lo estoy excusando ni evadiendo la gravedad del hecho)? ¿O la persona que estando en su sano juicio, sin los efectos del alcohol y con sus cinco sentidos alertas, se monta en un carro con un borracho al volante y luego sube a sus tres hijos?

Te doy unos segundos para que lo pienses...

Es muy probable que estés de acuerdo conmigo en que la mamá debió haber dicho NO y punto. Lamentablemente, este tipo de historias se dan todos los días. A veces por miedo a la violencia, pero muchas veces por codependencia, por miedo o pena a decir NO.

Resulta muy fácil culpar a los demás y, por ejemplo, empezar a gritarle al hombre al otro día: «¡Cómo es posible! ¡Casi nos matamos y encima de todo venías agresivo y borracho!». Si esta mamá fuera mi amiga, le sugeriría: «Deja de tratar de cambiarlo a él y cambia tú». Son palabras fuertes. Sin embargo, cuando uno es asertivo y sabe poner límites, se evitan muchos problemas. Límites con amor. Por ejemplo, ella pudo decirle: «Juan, nuestro amigo nos permitirá pasar la noche acá en su finca. Nos quedaremos a dormir, pues yo —de ninguna manera— me subiré al carro con mis hijos y contigo al volante en el estado en que estás. ¡Punto!». Como es obvio, lo importante en este caso es tratar de evitar que la persona en estado de embriaguez se suba sola al volante, quitándole las llaves si es necesario, pero si no logran detenerla, por lo menos que lo haga sola y no con su cónyuge y sus tres pequeños en el carro.

Cuando culpamos a los demás, nos enfocamos en alguien que no podemos controlar: la otra persona. Así que, si te sientes «enganchado», bailando la danza de la disfuncionalidad con otras personas, no eres el único. La mayoría tenemos cosas que sanar y, mientras esperemos que sea el otro quien cambie, seguiremos sufriendo y todo permanecerá igual. Seguiremos en el papel de víctimas.

«Es que mi jefe es muy grosero». Tienes varias opciones: (1) hablar con él y decirle que ese trato irrespetuoso no es algo que estás dispuesto a tolerar; (2) buscar otro trabajo; (3) manejar tus emociones tan bien que te «resbalen» sus palabras. Observa que todas las opciones sanas involucran una acción de tu parte, no de parte de tu jefe. ¿Cuál es la acción disfuncional? Esperar que el jefe cambie. Eso no está bajo tu control, y mientras más rápido lo aceptes, más feliz serás.

«Es que ya soy adulta y mi mamá me controla». ¿Quién se deja controlar? Hay un dicho que afirma que «el tigre sabe a quién le sale». Un límite con amor en este caso podría ser: «Mamá, sé que a ti no te gusta mi vestido, pero a mí sí y es lo que quiero ponerme hoy. Gracias por darme tu opinión».

Fíjate bien, ¿cuántas cosas haces porque las quieres hacer o son de alto valor y cuántas porque te sientes comprometido a hacerlas? ¿Eres de las personas que dan y dan y dan cada vez más y se ponen siempre de últimas? El pedazo de carne que quede para mí, lo que yo quiero no importa. Alguien te hace un halago y lo regresas. Tu amiga te dice: «¡Oye, esa camisa te queda muy bien!», y enseguida tu respuesta es: «¿Esta cosa vieja? ¡Ay, no! La tuya está más bonita».

Límites con amor

Hoy, cuando alguien me hace un halago, lo recibo con cariño. Cuando alguien me pide un favor que no puedo o no quiero hacer, le digo que no con paz y también con respeto. Si la otra persona se enoja, eso es algo que ella debe analizar y resolver; ese es su proceso.

Sé que lo que te estoy diciendo puede sonarte drástico, sobre todo cuando no estás acostumbrado a hacerlo. Pero entiende, todos tenemos derecho a expresar lo que en verdad sentimos. Si es no, es no. Si es sí, es sí. Además, este consejo te va a ayudar mucho para que te sientas cómodo diciendo NO. En la comunicación interpersonal, el diez por ciento es lo que yo digo y el noventa por ciento es cómo lo digo. Por eso, tomo prestada la frase de los grupos de familia Al-Anon: «Pon límites con amor». No es lo que dices, sino cómo lo dices. ¿Estoy estableciendo un límite? Sí. ¿Pero debo expresarlo con rabia? No. Puedo hacerlo con mucha firmeza y también con mucho amor.

Permíteme darte un ejemplo. Voy para Nicaragua con mi esposo a atender unos asuntos de trabajo y a descansar el fin de semana. Unos amigos muy queridos nos invitan a una fiesta en su casa de playa y a pasar la noche de sábado a domingo. Yo les contesto: «Amigos, gracias por esta invitación tan cordial. Ustedes son muy especiales, de verdad. Sobre todo, porque sé que lo hacen con mucho cariño. Sin embargo, he tenido varias semanas con muchos viajes y quiero quedarme en mi casa en Managua, descansando y disfrutando de mis mascotas y mi familia».

¿Ves? Dije que no, pero no fui grosera ni insensible. Tú tienes derecho a decir que no. Te puedo asegurar que cada vez que dices sí, queriendo decir no, empiezas a sentir rabia y a esperar que otros te agradezcan los «sacrificios» que no te pidieron hacer. Y lo que es peor, esperas que los demás adivinen tus sentimientos.

Usa las fórmulas de la comunicación asertiva

Si te cuesta ponerles límites a otros, te regalo dos fórmulas que te ayudarán a ser asertivo. Como verás, hay tres maneras de establecer una interacción.

Con agresividad. Crees que tú eres importante y la otra persona no.

Con pasividad. Crees que la otra persona es importante y tú no.

Con asertividad. Crees que ambos son importantes, por eso comunicas lo que quieres y necesitas de manera respetuosa e incluso amorosa.

Las dos fórmulas que te brindo a continuación te ayudarán a establecer límites con amor o claridad y a sostener conversaciones incómodas para ti sin caer en la agresividad ni la pasividad. Actuando sin agredir al otro, pero protegiendo tus necesidades.

Fórmula 1

Es muy efectiva, porque en lugar de juzgar al otro o de asignarle calificativos negativos como «gritón» o «chismoso», que son adjetivos agresivos, hablas de tus sentimientos y expresas claramente lo que necesitas o quieres.

La fórmula es esta:

Cuando tú _____ ,

Yo me siento _____ .

Necesito/me gustaría que _____ .

Ejemplos:

Cuando tú <u>me gritas,</u>

Yo me siento <u>incómoda</u>.

Me gustaría que, <u>por favor, me hables en un tono de voz respe-</u><u>tuoso</u>.

Cuando tú <u>tomas prestada mi ropa sin preguntarme,</u>
Yo me siento <u>molesta</u>.
Necesito que, <u>por favor, me preguntes antes de tomar algo de mi</u> <u>clóset</u>.

Cuando tú <u>no me ayudas con los quehaceres del hogar,</u>
Yo me siento <u>cansada y poco apreciada</u>.
Necesito que <u>dividamos los quehaceres entre los dos, porque am-</u><u>bos ocupamos la casa y ambos trabajamos por igual</u>.

Fórmula 2

Esta fórmula te ayudará a ser asertivo y a la vez empático cuando alguien está experimentando un desafío, pero tú necesitas poner un límite o aclarar una situación.

La fórmula es esta:

Yo entiendo _____.
Sin embargo, es importante que _____.

Ejemplos:

Yo entiendo que <u>tienes muchos problemas</u>.
Sin embargo, es importante que <u>no me grites ni te desahogues</u> <u>conmigo</u>.
Yo entiendo que <u>estás viviendo el duelo de haber perdido a tu</u> <u>mamá hace dos meses</u>.

Sin embargo, es importante que <u>me avises con tiempo si no vas</u> <u>a poder cumplir con lo que prometiste para así no quedar mal con</u> <u>nuestros clientes.</u>

Yo entiendo que <u>llegas cansado del colegio.</u>

Sin embargo, es importante que <u>ayudes en casa como lo hacemos</u> <u>todos.</u>

2. Pide lo que necesites o quieras

La gente no es adivina. No tiene una bola de cristal para saber qué estás pensando o qué es lo que esperas o quieres.

Cuando empecé a salir con quien hoy es mi esposo, me molesté en una ocasión, porque no me trajo flores ni un detalle el día de mi cumpleaños. Me llevó a almorzar y me regaló dinero. Sin embargo, cuando él vio que yo no estaba contenta, su mirada pareció perdida, como pensando: ¿Qué hice mal?.

Verás, mi esposo es muy práctico. Así que el tema de las flores no tenía mucho sentido para él, por lo que prefirió regalarme dinero. Yo en lugar de molestarme, debí haber agradecido y quizás en otra oportunidad explicarle mi preferencia por los detalles y las flores. Cuando aprendí estos principios, empecé a pedir lo que quiero o necesito sin esperar que otros lo adivinen:

«Hijos, necesito un abrazo».

«Quiero que organicen la casa».

«Me gustaría celebrar mi cumpleaños con todos».

«Me encanta que me llames cuando te vas de vacaciones».

«Necesito ayuda con tal o cual labor».

Algo típico de la codependencia es ver a una persona haciendo ruido a propósito con los platos en la cocina mientras otra ve televisión.

Por lo general, ese ruido con los platos es para ver si esa otra persona se digna a adivinar que la que está lavando los platos sola se siente molesta porque no la ayudan. En su cabeza, mientras lava, puede estar pensando algo como: *¡Qué fresca, comimos las dos y ella viendo tele! ¿Desde cuándo soy la esclava? Voy a hacer bastante ruido para que me pregunte qué me pasa.*

Te pregunto, no sería mejor dejar de lavar los platos y decir: «¿Me ayudas, por favor? Aquí cada uno lava los platos que usó». Punto. La gente no es adivina.

Por otro lado, tú tampoco tienes una bola de cristal. No asumas que sabes lo que otros están pensando o sintiendo.

Alguien no te saluda y piensas: *¿Estará enojado?. ¿Será que le caigo mal?.* La persona puede tener mil razones para no saludarte que no tienen nada que ver contigo. No somos el centro del universo, y esa persona puede estar distraída, angustiada o pasando un mal rato.

Recuerdo que, cuando tenía como doce años de edad, fui a Cartagena con toda mi familia y la pasamos muy bien. Cuando regresé a Medellín, me encontré con una tía que en verdad veía muy poco. Ella estaba muy seria, así que no le dije nada. Al rato, se me acercó y me preguntó por qué las había visto a ella y a mi prima en Cartagena y había volteado mi cara para no saludarlas.

¿Queeeeeeeeé?, pensé yo. *¿Dónde? ¡Yo no las vi! Y si ellas me vieron a mí, ¿por qué no me saludaron?* Lamentablemente, pensé todo eso, pero no se lo aclaré en voz alta a mi tía, y por muchos años me sentí incómoda con ellas. Hubiera aclarado el malentendido simplemente diciendo: «Tía, te aseguro que no las vi. Por supuesto que me habría encantado saludarlas».

Ella asumió cosas que no debía. Un poco disfuncional, ¿no crees? Pienso que, en lugar de afirmar que las ignoré, debió preguntarme al respecto. Y yo, en vez de quedarme callada, pude haber aclarado el malentendido.

Nadie lee las mentes. Habla sin miedo. Si alguien no responde como esperabas, esa persona está en todo su derecho, pero tú no tienes que dañarte el día si no aceptan tu explicación franca o quizás un límite que hayas puesto con respeto e incluso con amor.

3. No le pidas «peras al olmo»

¿Te imaginas pidiéndole a tu amigo más tímido, al más serio e introvertido, que vaya a tu fiesta y cuente chistes toda la noche? ¿Que sea el alma de la fiesta? Sería como absurdo, ¿no crees?

Los seres humanos tenemos diferentes estilos de comportamiento, y haber aprendido esto me ha ayudado muchísimo en mis relaciones personales y profesionales.

La ciencia del comportamiento que yo uso se conoce con la sigla DISC. Si eres como yo, vas a encontrar mucha riqueza en ella y mejorarás bastante tus relaciones.

Para efectos de este libro, me referiré de manera breve, clara y sencilla a los cuatro estilos de comportamiento incluidos en el acrónimo DISC, ya que encontrarás mucha información científica sobre este tema en libros, videos e internet. Mi propósito no es volverte un analista certificado en esta ciencia, sino que, en cuestión de minutos, entiendas el estilo de comportamiento primario de cada persona y no le pidas «peras al olmo». Es decir, no le pidas al tímido que cante ni al acelerado que se quede quieto, para explicarlo de algún modo.

DISC es la sigla de cuatro estilos de comportamiento. Te los explico en el siguiente gráfico:

NO EMOCIONALES
Personas orientadas a las tareas

Cumplimiento

Palabra clave: **Procesos**

Positivo

- Personas muy estructuradas y ordenadas.
- Con alta capacidad de análisis.
- Ser orientadas hacia los detalles técnicos.
- Minuciosas.
- Apegadas a normas e instrucciones.

Oportunidades potenciales de mejora

- Análisis por análisis (analizan la analización de la analizadera).
- Alta resistencia al cambio.
- Acumulan información innecesaria.
- Son perfeccionistas consigo mismas y esperan perfección en los demás.

Dominancia

Palabra clave: **Problemas**

Positivo

- Enfrentan los problemas.
- Actúan rápidamente.
- Son determinadas y ambiciosas.
- Saben lo que quieren.
- Son concisas, van al grano y sin rodeos.
- Tienen sentido de urgencia.

Oportunidades potenciales de mejora

- Son toscas para decir o pedir las cosas.
- No perciben los sentimientos de otros.
- Son muy críticas.
- Asumen riesgos muy altos.

INTROVERTIDAS Pausadas

C D
S I

EXTROVERTIDAS Tempo rápido

Positivo

- Cálidas y amables.
- Sensibles al comunicar.
- Pacientes.
- Leales.
- Cuidadosas y reflexivas.
- Amantes de la rutina.
- Ordenadas.

Oportunidades potenciales de mejora

- Lentitud para reaccionar.
- Ser indecisas.
- Incapaces de fijar límites o decir NO.
- Resistencia al cambio.

Positivo

- Llevarse bien con la mayoría de las personas.
- Trabajar en equipo.
- Ser empáticas y cálidas.
- Ser persuasivas.
- Ser entusiastas.

Oportunidades potenciales de mejora

- Hablar mucho y escuchar poco.
- No saber poner límites o decir NO.
- Ser poco estructuradas.
- No poner atención a detalles.
- Técnicos o minuciosos.

Palabra clave: **Ritmo**

eStabilidad

Palabra clave: **Personas**

Influencia

EMOCIONALES
Orientadas a otras personas

D: DOMINANCIA (la palabra clave aquí es *problemas*). Cuando pensamos en una persona con un alto nivel de dominancia, se trata de alguien que enfrenta los problemas de inmediato, sin rodeos, sin pena y sin pedir permiso.

Como ocurre con todos los estilos de comportamiento, estas personas tienen muchas cualidades, entre las que suelen estar:

- Actúan de forma rápida.
- Son determinadas y ambiciosas.
- Saben lo que quieren.
- Son concisas, van al grano y sin rodeos.
- Tienen alto sentido de urgencia.

También es común encontrar algunas oportunidades de mejorar en varias áreas, por ejemplo:

- Pueden ser toscas para decir o pedir las cosas.
- Con frecuencia no perciben los sentimientos de otros.
- Son muy críticas.
- Asumen riesgos muy altos.

Piensa en una persona famosa o cercana a ti que encaje en algunas de estas descripciones y es muy posible que se trate de alguien con alto nivel de dominancia. Yo, por ejemplo, identificaría a Donald Trump, Margaret Thatcher y Steve Jobs como personas con un alto nivel de dominancia.

I: INFLUENCIA (la palabra clave aquí es *personas*). Cuando pensamos en las personas con un alto nivel de influencia, vienen a nuestra mente aquellas que influyen en los demás con el fin de atraerlos hacia su punto de vista.

Como en todos los estilos de comportamiento, tienden a ser personas con muchas cualidades, entre las que pueden estar:

- Llevarse bien con la mayoría de la gente.
- Trabajar en equipo.
- Ser empáticas y cálidas.
- Ser persuasivas.
- Ser entusiastas.

También es común encontrar algunas oportunidades de mejorar. Podrían trabajar en sí mismas en áreas frágiles como:

- Hablar mucho y escuchar poco.
- No saber poner límites o decir NO.
- Ser poco estructuradas.
- No prestar atención a detalles técnicos o minuciosos.

Piensa en una persona famosa o de tu entorno que pueda encajar en algunas de estas descripciones y posiblemente sea alguien con un alto nivel de influencia. Yo, por ejemplo, calificaría como personas con un alto nivel de influencia a Chayanne, Dolly Parton y Drew Barrymore. Como dato curioso, te cuento que mi estilo de comportamiento principal es este, la influencia.

S: ESTABILIDAD[1] (la palabra clave acá es *ritmo*). Cuando pensamos en una persona con un alto nivel de estabilidad, nos referimos a alguien que tiene un ritmo pausado en su voz, sus decisiones y su manera de comunicar. Piensa en una persona que cuando te deja un mensaje de voz en el celular, le toma mucho tiempo expresar su punto y lo hace con un ritmo pausado.

---

1. Se emplea la letra S, porque la palabra estabilidad en inglés es *stability*, la cual forma parte de la sigla DISC

Algunas de las cualidades de las personas con un alto nivel de estabilidad pueden ser:

- Son cálidas y amables.
- Tienen tacto a la hora de comunicar.
- Son pacientes.
- Son leales.
- Son cuidadosas y reflexivas.
- Les gusta la rutina.
- Son ordenadas.

Igual que en los otros estilos de comportamiento, también es común encontrar en ellas algunas áreas en las cuales mejorar, tales como:

- Lentitud para reaccionar.
- Indecisión.
- Dificultad para poner límites o decir NO.
- Resistencia al cambio.

Piensa en una persona famosa o cercana a ti que pueda encajar en algunas de estas descripciones y es posible que se trate de alguien con un alto nivel de estabilidad. El estilo de comportamiento principal de mi mamá es la estabilidad. Más adelante, te voy a contar por qué entender el estilo de comportamientos de las personas que te rodean es muy beneficioso para tus relaciones.

C: **CUMPLIMIENTO** (la palabra clave aquí es *procesos*). Cuando pensamos en una persona con un alto nivel de cumplimiento, imagina a alguien que es muy apegado a las normas y los procedimientos.

Dentro de las cualidades de las personas con un alto nivel de cumplimiento pueden estar:

- Ser muy estructuradas y ordenadas.
- Tener alta capacidad de análisis.
- Ser orientadas hacia los detalles técnicos.
- Ser minuciosas.
- Ser apegadas a las normas e instrucciones.

Algunas áreas para mejorar en las personas con un alto nivel de cumplimiento podrían ser:

- Parálisis por análisis (como digo yo, analizan la analización de la analizadera).
- Alta resistencia al cambio.
- Acumulan información innecesaria.
- Son perfeccionistas consigo mismas y esperan la perfección en los demás.

Como no se me ocurría alguien famoso calificado con una C alta, decidí buscar en ChatGPT y entre sus sugerencias estaban Bill Gates y Warren Buffet, lo cual tiene mucho sentido, ya que ambos poseen altas capacidades analíticas y mucha disciplina. Los cumplidores son fáciles de identificar por el orden en que mantienen sus pertenencias. Muchas veces encontrarás que sus clósets están organizados por los colores de su ropa y que su apariencia personal tiende a ser impecable. Su escritorio y su carro están ordenados y tienden a preferir profesiones en los campos de la ingeniería o las finanzas, dada su naturaleza analítica y estructurada.

Más adelante, te contaré unas cuantas historias que ilustrarán estos cuatro estilos de comportamiento. Es probable que te rías un poco al identificarte en ellas o al reconocer a personas cercanas a ti en cada relato.

Por ahora, quiero que observes nuevamente el cuadro que aparece en la página 142.

Te mostraré cómo usar este cuadro del DISC, de tal modo que sepas identificar rápidamente el estilo principal de comportamiento de una persona. Nota que te digo principal porque podemos tener tendencias hacia dos y hasta tres estilos de comportamiento, aunque siempre hay uno fundamental que nos identifica. Mi estilo principal, por ejemplo, es I (influencia), pero el secundario es D (dominancia). El hecho es que este cuadro te ayudará a encontrar el estilo principal de comportamiento de las personas.

Hagamos un ejercicio. ¿Listo? Piensa en una persona cercana a ti. ¿La tienes? De acuerdo, la primera pregunta te ayudará a entender si esta persona se encuentra en la parte superior o inferior del cuadro DISC:

¿La persona que tienes en mente está orientada a realizar tareas y no es muy emocional (es un poco más fría) o, por el contrario, está orientada hacia las personas y es más emocional (es cálida)?

Si respondiste que está orientada a las tareas y no es emocional (es un poco más fría), esto significa que está en la parte superior del cuadro DISC. Es decir, es una C alta o una D alta.

Si respondiste que está orientada a las personas y es más emocional (es una persona cálida), debes ubicarla en la parte baja del cuadro. Es decir, que es una S alta o una I alta.

Bien, ya sabes si esta persona se encuentra ubicada en la parte superior o inferior del cuadro. Ahora, necesitas saber si está a la derecha o a la izquierda del mismo para así encontrar su estilo de comportamiento principal.

Entonces, ¿es esta persona introvertida, estructurada y de tempo pausado? Si es así, está del lado izquierdo del cuadro. Si por el contrario es extrovertida, acelerada y a lo mejor hasta un poco desordenada, lo más probable es que pertenezca a la parte derecha del cuadro.

Ahora, observa el cuadrante y ubica a la persona a la izquierda o a la derecha, según tu respuesta. *Taraaaán...* ya sabes cuál es su estilo primario de comportamiento.

Muy bien. A lo mejor en este punto te estarás preguntando: «Margarita, ¿cuál es el objetivo de toda esta explicación?». Aquí te va. ¿Te acuerdas de que te dije que no había que pedirle peras al olmo?

Supongamos que tu pareja es una C alta y es súper, mega ordenada y estructurada. Y tú eres una I alta, extrovertida y acelerada. Resulta que a tu pareja le molesta, le frustra, le enoja que dejes tirada la toalla en el suelo y la crema dental sin su tapa. Tú no entiendes cuál es el escándalo. Tampoco es para armar una guerra, ¿no? Bueno, ciertamente, no es causal de divorcio, pero al entender que tu pareja es una C (digamos que tiene «pegados los cables» por un lado distinto al tuyo), serías más empático y entenderías que, aunque a ti no te molesta, a su cerebro hiper mega estructurado le genera una alta incomodidad y frustración el desorden, así que recogerías sin tanta resistencia la toalla y taparías la crema dental, ¿verdad?

La Regla de Oro dice: trata a los demás como te gustaría que te trataran a ti. Sin embargo, hoy quiero invitarte a que uses la Regla de Platino: trata a los demás como a ellos les gustaría ser tratados.

¿Recuerdas las flores que mi esposo no me dio en mi cumpleaños? Él en realidad no estaba siendo frío ni poco detallista, ni tampoco intentando hacerme sentir triste. ¡Nooooooo! Más bien me estaba tratando como a él le gusta ser tratado, porque su estilo de comportamiento principal es D. Ahora que mi esposo entiende el DISC y sabe que soy una I, me regala flores y tiene detalles conmigo a pesar de que a él no le gustan las sorpresas y les da poca importancia a fechas como su cumpleaños.

A continuación, te doy unas sugerencias para relacionarte mejor con los diferentes estilos de comportamiento.

Para relacionarte con una persona tipo D:

- Ve al grano (como el dermatólogo).
- No te tomes muy a pecho sus palabras o su tono de voz, pues puede ser tosca (con todo el mundo, no solo contigo).

- Acelera el paso (o se desesperará).
- Aprende a decirle que no si traspasa tus límites.
- No frenes su deseo de actuar.
- Reconoce sus aciertos (le alegran mucho los elogios sinceros).

Para relacionarte con una persona tipo I:

- Sé amistoso y cálido.
- Escucha sus historias personales (pero tampoco dejes que te robe más tiempo del que puedes darle).
- No frenes su espontaneidad.
- Valida su opinión y sus sentimientos.
- No le pidas tareas excesivamente estructuradas o que impliquen un aislamiento social.
- Si es necesario, dile que te permita expresar también tu opinión (recuerda que algunos I «no sueltan la guitarra»).

Para relacionarte con una persona tipo S:

- Baja la velocidad y el tono de voz.
- No le pidas cambios de última hora si estos no son inminentemente necesarios.
- Dale tiempo para procesar sus ideas, no la presiones a tomar decisiones.
- No rompas su rutina.
- Evita el conflicto y las conversaciones airadas.

Para relacionarte con una persona tipo C:

- No le des opiniones sin data. Ella prefiere hechos comprobados.
- No le toques sus pertenencias ni le desorganices sus cosas.

- Respeta mucho su espacio personal.
- Ten paciencia mientras analiza, no la apresures.
- Contesta sus preguntas, pues tiende a necesitar mucha información para tomar decisiones.
- Sé muy puntual y exacto.

Ahora, te contaré algunas de las historias que te prometí sobre cómo se aplica el DISC para mejorar las relaciones.

Como te comenté, mi mamá es una persona tipo S y yo soy tipo I. Por lo tanto, ella es pausada y estructurada, y yo bastante acelerada. Cuando voy a visitarla a Colombia, me gusta invitarla a salir, pero ya sé que debo darle tiempo suficiente para arreglarse. Si vamos a ir a un lugar a almorzar, ella necesita varias horas (y no, no estoy exagerando) para prepararse. Debo avisarle a más tardar a las nueve de la mañana para que pueda estar lista al mediodía. Yo, por el contrario, puedo estar lista en quince minutos. ¡Síííí! En quince minutos me baño, me peino y hasta me maquillo si la ocasión lo amerita. Antes, yo no entendía el DISC y solía apurar a mi mamá, lo cual la agobiaba debido a su naturaleza pausada. Ahora hago mis planes de acuerdo a sus tiempos y no espero que ella opere a una velocidad que le cuesta. Por ejemplo, salgo a hacer mis cosas en la mañana y sé que, al regresar al mediodía, ella ya estará lista para irnos a almorzar.

Una amiga mía tiene dos hijas gemelas. Una trae sus tareas nítidamente anotadas en su cuaderno, su mochila está ordenada, tiene un horario con sus clases y su cuarto se ve impecable. También le encantan las matemáticas y es un poco introvertida. Su gemela es lo opuesto, y cuando te digo opuesto es como ver a dos personalidades extremas en acción. Ella es bailarina, le encanta ser el centro de atención, tiene muchas amigas y su mochila es un total desorden. Un día, estando con mi amiga, le oí decirle a su hija I (extrovertida) que por qué no podía ser más ordenada y callada como su hermana, que debía tenerla como ejemplo. Yo, con mucho tacto, le pregunté si me permitía explicarle el DISC: «Verás, tu hija estructurada y matemática es una persona tipo C, y probablemente será excelente en áreas analíticas como la contabilidad, las finanzas y la ingeniería. Tu otra hija, amigable, extrovertida y menos estructurada, es una persona tipo I y resulta muy probable que sea excelente en profesiones como las relaciones públicas, las ventas, el *marketing* o la comunicación social. No le pidas a una que sea como la otra. Ambas tienen cualidades muy puntuales y son las que se les debe promover. No pongas al tímido a ser extrovertido y al extrovertido a callarse. Al contrario, ayúdalas a ambas a ser excelentes en las áreas en las que se destacan». Mi amiga se quedó sorprendida y estuvo muy agradecida por la conversación.

Otro punto que es importante tocar aquí es que no se trata de que las comparaciones sean odiosas. Es que son absurdas, ya que las personas operamos de forma diferente, según nuestro estilo de comportamiento. Es más, la personalidad con la que chocas es generalmente la que te complementa. Si tú eres alguien tipo I (extrovertido, flexible, conversador, orientado a las personas), puede que choques con alguien tipo C (introvertido, estructurado, orientado a los resultados), pero piénsalo, esa es la persona que te complementa. Esa persona haría un gran equipo contigo y tú con ella. Por ejemplo, tú puedes conseguir clientes, enfocarte en establecer relaciones y cerrar las ventas, mientras tu socio C puede ser el financiero y encargarse de los números. ¿Te imaginas una empresa donde todos sean I? ¿Un negocio donde todos tengan un mismo estilo de comportamiento? ¡Exacto! Aprendamos a apreciar las diferencias en lugar de rechazarlas.

4. No controles

Al principio de este libro te conté que soy modelo 72. Así que en mi adolescencia me tocó escuchar a un grupo llamado Flans, el cual tenía una famosa canción que dice así: «No controles mi forma de bailar, porque es total y a todo el mundo gusta. No controles mis vestidos, no controles mis sentidos…». Yo la cantaba, pero no captaba el sentido profundo de la letra, ya que era «madame controladora» y solía decirle a toda mi familia frases como: «Siéntate bien», «No hables así», «¿Por qué no saludaste?», «Deberías llamar más a tu mamá», «No te pongas esa camisa que no te queda bien», «No comas tanta sal», «Deja de ver los noticieros». De solo acordarme, me da cansancio.

¿Quién me dio el trabajo de controlar, salvar y corregir vidas? Nadie. Yo misma me lo adjudiqué, y en el camino herí a otros y me herí a mí misma. Me desgasté tratando de controlar lo que no puedo controlar: a los demás.

Excepto nuestros hijos cuando son menores de edad y necesitan nuestra guía, nadie más es nuestra responsabilidad. Repito: nadie. Ni tu pareja ni tampoco tus padres. Vive y deja vivir. Tratar de cambiar a otra persona es como tratar de tumbar una pared de concreto dándole cabezazos; tu frente quedará herida e incluso sangrando y la pared no se moverá de ahí. Créeme, te lo digo por experiencia, la vida es más fácil y feliz cuando dejas a otros ser ellos y te enfocas en cambiar, mejorar y cuidar a la única persona que puedes controlar: a ti mismo.

5. Aprende a estar de acuerdo en estar en desacuerdo

Una vez me encontraba en el Club Terraza, en Managua. Estaba reunida con un grupo de líderes. Uno de los empresarios más exitosos de la región centroamericana había venido a la reunión y empezó a hacernos una serie de preguntas, a las cuales todos contestábamos lo mismo sin pensarlo mucho. Así fue hasta que él dijo una frase que se me quedó grabada: «Cuando todos en un lugar piensan lo mismo, nadie está pensando».

Es común que busquemos juntarnos con personas que piensan igual a nosotros, ya sea en lo que respecta a política, religión, deportes y demás. Y eso está bien. Sin embargo, es importante aprender a escuchar también a los que piensan distinto a nosotros. Es fundamental aprender a estar de acuerdo en estar en desacuerdo y construir puentes, no abismos.

Me entristece ver a gente de una misma región peleándose por la política, por ejemplo. Pienso que se lograría más si nos enfocáramos en lo que nos une y construyéramos puentes con aquellos que piensan distinto a uno. No me malinterpretes, no me refiero a comprometer tus valores, sino al hecho de que si supiéramos escuchar podríamos entender mejor de dónde nace la posición del otro.

A veces, también el deporte es motivo de peleas. ¿Qué tal si tu hermano es hincha del Barza y tú del Real Madrid? Pues bien, es más lo que los une, ya que son hermanos, así que le dices: «En el tema de fútbol, estemos de acuerdo en estar en desacuerdo». Y ya está. Esperar que todo el mundo piense igual que uno suele ser desgastante. Además, cuando te rodeas de personas idénticas a ti, no estás aprendiendo nada. John Maxwell, en su libro *Las 21 leyes irrefutables del liderazgo*, afirma que lo peor que puede hacer un líder es rodearse solo de gente igual a él, que siempre le diga: «Sí, señor». Yo pienso igual. Por eso, en mi empresa y mi familia me encanta escuchar a personas que piensan diferente a mí. Ellas me dan nuevas perspectivas y también maravillosas ideas que ni se me habían ocurrido.

En resumen, toda relación empieza con la relación que tengo conmigo mismo. Si me amo y me respeto, no me involucro en una relación en la que no se me respeta. Si aprendo a ser asertivo, seré más trasparente con los demás y viviré más feliz. Podré decir NO cuando quiera decirlo, sin culpabilidad y sin necesidad de perder una amistad. Renunciaré a asumir el papel de «salvadora del mundo» o «correctora de defectos» que nadie me asignó, y de ese modo viviré muy bien según mis términos, dejando que otros vivan como quieran hacerlo.

PUNTOS CLAVE DE ESTE CAPÍTULO

«La única relación tóxica que tienes es contigo mismo.
Todas las demás son consecuencia de esa relación».

A continuación te doy un breve resumen de los puntos clave de este capítulo:

1. Tienes derecho a decir NO. Esto no te hace una persona mala ni egoísta. Cada vez que le dices SÍ a algo, le estás diciendo NO a otra cosa. Asegúrate de que no andes repartiendo SÍ a otras personas, por temor a quedar mal, y diciéndote NO a ti mismo, constantemente.

2. Pon límites con amor: En la comunicación con otras personas el 90 % se comunica en cómo lo dices y solo el 10 % en lo que dices. Siempre puedes decir NO cuando no quieres o no puedes hacer algo, solamente asegúrate de decirlo con honestidad y con cortesía.
   Si te cuesta ser asertivo, puedes usar una de estas dos fórmulas:

   Cuando tú _____

   Yo me siento _____

   Necesito / Me gustaría que _____

   o

   Yo entiendo _____

   Sin embargo es importante que _____

3. Pide lo que necesitas o quieres: Las personas no son adivinas. Si quieres un abrazo, pídelo. Si necesitas ayuda, dilo. Nadie tiene una bola de cristal para saber lo que estás sintiendo o necesitando.

4. No le pidas «peras al olmo»: No le pedirías a tu amigo más tímido que sea el alma de la fiesta ¿verdad? Los seres humanos tenemos distintos estilos de comportamiento. Algunos somos más extrovertidos, otros más estructurados, unos más enfocados a personas, otros más enfocados a resultados, en fin. El cuadro DISC de la página 142 te ayudará a entender los estilos de comportamiento, y de la página 149 a la 151 encontrarás maneras ideales de relacionarte con cada uno de los estilos para tener mejores relaciones.

5. Aprende a «estar de acuerdo en estar en desacuerdo»: Si solo te rodeas o aceptas a personas que piensan igual que tú, tendrás una visión muy limitada del mundo y te perderás de lindas relaciones. Si, por ejemplo, tu hermano y tú tienen diferencias políticas, pueden estar de acuerdo en que en ese tema están en desacuerdo y entender que aparte de eso, son muchas más las cosas que los unen, que las que los dividen.

Por último, recuerda que a la única persona que puedes cambiar es a ti mismo. Suelta el papel de «salvador del mundo» o de «corrector de defectos» y dedícate a mejorar tú. Serás muy feliz.

EJERCICIOS

Describe una situación en la que quieres decir que no o quieres poner un límite con amor, pero te ha costado:

_____

_____

_____

Ahora escribe cómo, siendo amable y respetuoso, puedes decir NO:

_____

_____

_____

_____

Repite siempre: «Tengo derecho a decir NO y tengo derecho a cambiar de opinión».

Usa las dos fórmulas de la comunicación asertiva para poner límites sin caer en la pasividad o la agresividad. Rellena los espacios en blanco:

Cuando tú _____,

Yo me siento _____.

Necesito/me gustaría que _____.

Yo entiendo _____.

Sin embargo, es importante que _____.

Pide lo que necesitas.

Escribe dos cosas que te gustaría que otros hicieran por ti o cambiaran en su trato hacia ti y que has esperado que ellos «adivinen» o te han llevado a pensar cosas como: *Ellos deberían saberlo:*

_____

_____

_____

Toma la decisión en este momento de comunicárselas a los involucrados sin esperar a que ellos las «adivinen».

¿Cuál es tu estilo principal de comportamiento según DISC?

_____

¿Cuál es el estilo de comportamiento principal de un ser cercano a ti según DISC? _____

Teniendo en cuenta esto, ¿qué cosas puedes hacer y qué debes dejar de esperar de esa persona basándote en su estilo de comportamiento?

_____

_____

_____

Sé que no puedo cambiar ni controlar a otros.

¿Qué tiendes a tratar de controlar en tus seres queridos? (por ejemplo, cómo hablan, se visten, comen, etc.). Escríbelo aquí:

_____

_____

_____

Vive y deja vivir. Permite que cada persona sea quien quiere ser, poniendo límites solamente cuando sus acciones violen tus límites o te falten al respeto.

¿Qué relación importante para ti se ha «desgastado» porque quieres imponer que la persona piense igual que tú?

_____

_____

_____

¿Qué cualidades tiene esa persona? Escríbelas aquí:

_____

_____

_____

_____

¿Vale la pena dañar la relación o puedes estar de acuerdo en estar en desacuerdo? (obviamente, sin comprometer tus valores).

_____

_____

¿Qué acción vas a llevar a cabo de inmediato basándote en lo que aprendiste en este capítulo?

_____

_____

_____

_____

CAPÍTULO 9

Enfócate solamente en lo que puedas controlar de afuera hacia adentro. Del ayer al hoy

«Entiende esto: cuanto más importancia les damos a cosas fuera de nuestro control, menos control tendremos».

—**Epicteto**

Mando interno versus mando externo: ¿dónde está el centro de mando de tus emociones?

HABLEMOS AHORA DE UN CONCEPTO llamado *locus de control* —o lugar de control—, donde se habla de que las personas tienen mando externo o mando interno.

Lo que esto significa es que el lugar o centro de mando de tu vida puede ser externo o interno.

Supongo que muchas veces habrás visto marionetas, aquellos muñecos que son manejados por la mano de una persona a través de unos hilos.

Las menciono porque obrar bajo el mando externo es muy parecido a comportarte como una marioneta. Es permitir que las actitudes, acciones, miradas y los gestos de otras personas o situaciones externas a ti —que no puedes controlar— controlen tu estado emocional.

¿Permites que tu pareja, tu jefe o incluso un extraño que se cruzó en tu camino te amarguen el día, el momento,

Cuando actúas bajo un MANDO EXTERNO, pones la llave de tu felicidad y tu tranquilidad en el bolsillo de otras personas o de situaciones que no puedes controlar. Cuando actúas bajo un MANDO INTERNO, te enfocas en la única persona a la que puedes controlar (tú mismo) y en aquello que siempre está bajo tu control en toda situación: tu interpretación.

o te saquen de tus casillas? Si lo haces, estás permitiéndoles a los demás mover los hilos de tus emociones y hacer contigo lo que quieran.

El traje de foca: cómo hacer que las voces negativas externas te resbalen

«El arte de ser sabio consiste en saber
lo que debemos ignorar».
—**William James**

Desde que mis hijos estaban pequeños, cuando algo los afecta o alguien les dice algo feo, les he aconsejado: «Ponte el traje de foca». ¿Por qué? Porque siempre pienso en esos lindos animales mamíferos que tienen una piel lisa y viscosa, lo cual hace que todo lo que los toque les resbale. Ponerte «el traje de foca» te permite mantener el mando interno, el control de tus emociones.

Asimismo, todo lo que otras personas te digan de manera ofensiva debe resbalarte. Si alguien te da un golpe o te tira una piedra, puede causarte una herida, pero las palabras y actitudes de otros no pueden herirte. Tú les das ese poder, pero ellos no lo tienen. ¿Recuerdas lo que te conté acerca de Dany Alves y su actitud con respecto al banano que le tiraron? La persona que se lo tiró nunca tuvo el poder de ofenderlo. Dany Alves nos dio un excelente ejemplo de que, cuando algo no vale la pena ni merece unos minutos de tu tiempo, hay que dejar que te resbale y seguir adelante.

Las focas también tienen otra característica muy interesante y es que no tienen orejas. Ellas oyen muy bien. Tienen oídos (la parte interna), mas no la parte externa (las orejas).

Por desdicha, muchos siguen buscando soluciones fuera de sí mismos cuando las soluciones están en su interior.

En cierta ocasión, escuché una historia acerca de varios hombres sabios que se preguntaban dónde esconder la sabiduría para que nadie la encontrara.

Entonces, uno de ellos propuso: «Llevémosla a la montaña más alta».

Otro argumentó: «No, porque el ser humano encontrará maneras de escalarla y se llevará este gran tesoro».

Ante eso, otro sugirió: «Pongámosla en la parte más profunda del mar».

«No, porque el hombre construirá naves que lo lleven allí y la encontrarán», advirtió otro sabio.

Por último, el más sabio de todos manifestó: «Pongamos la sabiduría dentro de ellos, porque los hombres nunca buscan ahí».

Es cierto, tu tesoro más grande está dentro de ti. Por eso, aplicando la analogía de las focas, no tengas orejas para lo de afuera, sino oídos para escuchar tu voz interna. Préstale atención al tipo de comunicación que sostienes contigo mismo y ahí adentro encontrarás el tesoro de la sabiduría.

A lo mejor alguien me dirá que soy tonta (esa es una voz externa), pero dentro de mí (voz interna) opino: «Eso piensas tú, porque a lo mejor tienes una inseguridad, estás herido o eres una persona con baja autoestima. Sin embargo, yo sé que soy una persona muy valiosa e inteligente».

Recuerda, no debes permitir nunca que voces negativas *externas* se conviertan en voces negativas *internas*.

La próxima vez que alguien herido empiece a vomitar sapos y culebras, tratando de ofenderte, ponte el traje de foca, haz que sus palabras te resbalen, y asegúrate de cuidar con pinza tu diálogo interno.

Una persona puede gritarte u ofenderte una vez, pero hay muchos que se ponen de voluntarios para que la herida se repita mil veces. Te explico. ¿Qué significa re-sentir? Volver (re) a sentir. Revives algo en tu mente, le das vueltas, vuelves a sentirte mal o herido, piensas y piensas en eso. Es como si tu ofensor te hubiera apuñalado una vez y tú te hubieras quedado solito, agrediéndote a ti mismo múltiples veces con el cuchillo, mientras tu agresor anda por ahí, disfrutando de su vida.

Entendamos esto, el perdón es un acto egoísta, porque el primer beneficiado eres tú. Bien lo dijo Nelson Mandela, el Premio Nobel de la Paz, en su famosa frase: «Resentir es como tomarse un vaso de veneno esperando que quien te ofendió muera».

Recuerda esto: tú siempre tienes una opción, la opción de decidir cómo responder a una situación.

Por lo tanto, no vale la pena. No te quedes en tu «charquito de amargura». Recuerda que si una situación o recuerdo no existe en tu mente, sencillamente NO EXISTE. Saca eso de tu mente y verás que no podrá herirte.

Guardar adentro versus guardar afuera: cómo evitar que las tristezas del pasado te roben el presente

«Acepta profundamente que el momento presente es lo único que tienes. Haz del AHORA el enfoque principal en tu vida».
—**Eckhart Tolle**

El 6 de enero de 1998 Marcela, mi hermana mayor, murió a causa de un accidente de tránsito. Fueron días muy duros para toda la familia. Marce estuvo seis días en coma. Era muy triste verla pegada a cables y tubos, muy inflamada y, simplemente, sin estar ahí. Al final, su cuerpo no aguantó y se fue a una mejor vida... al cielo.

Mi hermana era una persona algo nerviosa y, además, le tenía mucho miedo a la muerte. Durante años me torturé recordando esos momentos en que ella estaba en coma. Me acordaba todo el tiempo de sus días en el hospital y me hacía preguntas inútiles. ¿Sería que ella tenía miedo? ¿Sería que sentía dolor? ¿Sería que...? Es decir, les daba y les daba y les daba vueltas a esos pensamientos que lo único que lograban era ponerme triste y muy angustiada.

Entonces, descubrí una técnica que me ayudó muchísimo y quiero compartirla contigo.

Guardar adentro versus guardar afuera

Imagina que tu mente es un cajón o una gaveta donde guardas todos tus recuerdos, tanto los bonitos como los feos. Todas las enseñanzas que te ha dado la vida, todo lo que te suma, que te ayuda a ser mejor persona, mejor profesional, mejor ser humano, y también lo que te ha dolido, herido, asustado o maltratado, se encuentra guardado en tu memoria.

La idea de esta técnica es empezar a limpiar esta gaveta que es tu mente y sacar de ahí todo lo que no te sirve ni te aporta.

Para usar esta técnica, crea una imagen mental de una caja fuerte afuera de tu mente. En ella vas a meter todos esos recuerdos dolorosos, tóxicos, negativos e hirientes que no suman a tu vida hoy, que son inútiles y te enferman, tanto a nivel físico como emocional. Una vez que tomas la firme decisión de sacarlos y meterlos en esa caja fuerte, vas a imaginar, a visualizar, que le pones una cadena con doble candado a esa caja fuerte y botas la llave donde no la puedas recuperar. Luego, vas a guardar en tu mente —en tu apartamento sagrado— todo lo que te suma, te edifica y te produce bienestar.

Al descubrir esta técnica, decidí sacar de mi mente el recuerdo de los seis días en que mi hermana estuvo en coma, los metí en esa caja fuerte, les puse triple candado (no doble), boté la llave y nunca más volví a pensar en ello, ni a darle vueltas a ese recuerdo. Obviamente, hubo momentos en que esos recuerdos trataban de salir de la caja fuerte y volver a entrar a mi mente, pero no se los permitía. ¡Ni por un segundo! En cambio, decidí guardar y recordar los momentos bonitos que viví con ella —cuando nos reíamos, cuando hacíamos bromas o «maldades» en la familia— junto con todas aquellas cosas lindas que uno puede recordar de su hermana mayor. También decidí aceptar que lo más probable era que si mi hermana pudiera hablarme, me diría que dejara de pensar en eso y que ella está bien. Otra cosa que hice fue guardar en mi interior una imagen de ella en un lugar hermoso, lleno de paz, sin dolores y sin miedos. Así que, poco a poco, mi angustia empezó a desaparecer y comencé a recordar a mi hermana con alegría, como estoy segura de que querría que la recordara.

Entonces, ¿qué te gustaría encerrar afuera? ¿Qué malos recuerdos, situaciones dolorosas, pensamientos tóxicos y palabras hirientes que nada aportan a tu vida vas a meter en esa caja fuerte afuera de tu mente?

Una pequeña advertencia. A veces, nos gusta apegarnos al dolor y a los malos recuerdos. Cuando uses esta técnica y tomes la decisión de sacar estas imágenes y recuerdos de tu mente y depositarlos en esa caja fuerte, poniéndoles doble o triple candado y botando la llave, no debes permitir por ninguna razón que ninguno de ellos regrese a tu mente. ¡Ni por un solo instante! ¡Ni un segundo! Que siempre que quieran entrar, encuentren la puerta de tu mente cerrada y bien protegida.

El pasado ya pasó y existe solo en tu memoria. Tú no puedes cambiarlo, pero siempre puedes cambiar el significado que le das y las partes que quieres recordar. Si así lo prefieres, deja adentro alguna lección, pero deja ir el detalle aquel que te causa dolor.

PUNTOS CLAVE DE ESTE CAPÍTULO

1. El lugar de mando de tus emociones determinará qué tanto control tienes sobre tu bienestar. Tienes *mando externo* cuando permites que otras personas o eventos manejen tus emociones. Por ejemplo, si mi pareja está de mal humor, yo me «amargo» el día. Por el contrario, tienes *mando interno* cuando tomas el control de tus emociones y le das explicaciones constructivas o neutrales a todo aquello que tiende a ser negativo, impidiendo que nada de eso te robe la paz. Por ejemplo, otro conductor te cierra con su auto en la autopista y tú piensas: *Pobrecito ese señor, debe ir de emergencia a algún lugar,* impidiendo que su modo de actuar te afecte.

2. Guardar *adentro* versus guardar *afuera.* ¿En cuántas ocasiones repetimos miles de veces en nuestra mente un hecho del pasado que nos dolió? Elige guardar ese recuerdo afuera de tu mente y guardar adentro de ti, solamente, recuerdos que te aporten o sean constructivos.

3. Traje de foca: «Ponerte el traje de foca» es hacer que las actitudes de otros te resbalen. Cuando algo no existe en tu mente, tampoco existe para ti. Las focas no tienen orejas, pero sí tienen oídos, la parte auditiva interior. Uso esto a manera de metáfora para decirte que la voz más importante y la que al final decide cómo vas a sentirte es tu voz interior.

4. No dejes que las voces negativas externas se te conviertan en voces negativas internas.

EJERCICIO

Enumera algunos recuerdos bonitos, edificantes, que quisieras guardar por siempre en tu mente:

_____

_____

_____

_____

Ahora, escribe aquí aquellos recuerdos que quieres dejar afuera, pues no deseas repasarlos más y prefieres cerrarles la puerta de tu mente:

_____

_____

_____

_____

¿Hay imágenes de remplazo que bien podrías usar para «rellenar» el lugar donde estaban las imágenes o recuerdos que sacaste? ¿Recuerdas cómo remplacé las imágenes de mi hermana en el hospital por imágenes de ella en el cielo, feliz y tranquila? Elegir algunas imágenes de remplazo sobre el recuerdo que lanzaste afuera es como una nueva perspectiva o manera de ver las cosas.

Escribe aquí las imágenes con las que vas a remplazar aquellas que dejaste afuera:

_____

_____

_____

_____

CAPÍTULO 10

Perdonar y perdonarte

«Perdonar es liberar a un prisionero para luego darte cuenta de que ese prisionero eras tú».

—Lewis B. Smedes

PARA MÍ, EXISTEN DOS TIPOS de violencia: la externa (en forma de rabia, ira o resentimiento con los demás) y la interna (en forma de culpa, vergüenza y no poder perdonarnos a nosotros mismos). Para el caso, ambas son violencia.

Lo cierto es que todos somos humanos, nadie, absolutamente nadie, es perfecto. «¡Ay Margarita! Es que usted no sabe lo que hice», «¡No existe perdón para alguien como yo!». Estas son frases que me han dicho varias veces en mi vida.

La culpa es violencia contra ti, es falta de compasión contigo mismo. Es muy probable que, cuando hiciste lo que sea que te cuesta perdonarte, no hayas tenido la información o la madurez que tienes ahora. Y si la tenías, tampoco importa. Perdónate, aprende la lección y toma la determinación de no volver a hacerlo.

Volvamos a mi hermana. Vengo de una familia de cuatro hijos: Marcela (en el cielo), tres años mayor que yo; luego sigo yo, la segunda; después, María Antonia, ocho años menor que yo; y, por último, Juan Camilo, a quien le llevo once años de edad. Como ves, la hermana más cercana a mí en edad era Marcela. Por lo tanto, ella era con quien más tiempo pasaba y también con la que más peleaba. Te imaginarás la culpabilidad que me invadió cuando murió. Me latigué bastante, aunque esas peleas habían pasado cuando éramos adolescentes (en el momento en que ella murió, yo tenía veinticinco años) y no te niego que esos recuerdos me causaban mucha tristeza. Esa culpa la «cargué» hasta la crisis que tuve con los ataques de pánico, cuando empecé a trabajar en mí, a aprender sobre la loca de la casa y a ser más compasiva conmigo misma y con los demás.

Me perdoné y me sigo perdonando todos los días, porque no soy perfecta, pero con tranquilidad y compasión por mí misma y, eso sí, aprendiendo y enmendando mis errores a lo largo del camino.

¿Sientes culpabilidad por algo que hiciste? Perdónate primero. Luego, pide perdón, si es que al hacerlo no generarás un daño mayor. Y siempre que sea posible, enmienda tu error.

Cuando por cualquier razón no puedes pedir perdón o enmendar las cosas (la persona murió o pedir perdón causaría un mal mayor), ten un acto de bondad hacia otra persona en nombre de quien o quienes heriste. Este ejercicio te ayudará a cerrar el capítulo y a sentir que ya enmendaste tu error.

Hablemos ahora de perdonar a quienes nos han herido. Ya viste que tú también necesitas ser perdonado y que esto puede ayudarte a ser más compasivo con quien te haya herido.

A veces, cuando he estado dando una conferencia en vivo sobre el tema de la inteligencia emocional, se me acercan personas y me dicen algo como: *«Lo que pasa es que para usted es muy fácil decirlo, porque no le hicieron lo que me hicieron a mí»*, *«Usted no conoce a mi suegro o a mi hermana»*, refiriéndose a alguna persona muy difícil que está presente en sus vidas a la que le guardan rencor.

Recuerdo mucho a una mujer de unos treinta años a quien llamaremos Marta. La conocí en San José de Costa Rica, al terminar una conferencia. Marta esperó a que yo saludara a algunos de los asistentes para acercarse a conversar conmigo. Ella es colombiana y vive en San José; su esposo es costarricense y, en ese momento, llevaban seis meses de casados.

El hecho es que Marta reflejaba una expresión de tristeza en su rostro, como cuando uno sabe que alguien está a punto de llorar. Mi primer instinto fue darle un abrazo y pedirle que me acompañara a donde pudiéramos sentarnos. Marta se desahogó un rato, mientras me hablaba cosas lindas de su esposo y de cuánto extrañaba Colombia y a su familia.

Al final, le pregunté cuál era la verdadera razón de su angustia.

—Me dices que amas a tu esposo, que él es bueno. Entonces, ¿por qué te quieres ir?

Por fin, Marta soltó la bomba:

—Es mi cuñado, Margarita. Él y mi esposo son socios y siento que él no me quiere acá, ni me acepta. Es pesado conmigo. A veces, lo saludo y ni siquiera me responde, y tengo miedo de que vaya a dañar mi matrimonio. Además, mi esposo se pasa todo el día con él, trabajando. Lo ve más a él que a mí.

—Entiendo —le dije—. ¿Dónde está tu esposo?

Entonces, ella señaló hacia la puerta, donde había un hombre chateando en su celular.

—¿Él sabe eso? —pregunté.

—Pues, más o menos —respondió Marta—, yo le dije que quería hablar contigo, pero no le expliqué de qué. Puede ofenderse, porque es su hermano y me da miedo que me diga que prefiere a su hermano que a mí. Yo llevo poco tiempo en este país y no creo que él vaya a dejar a su hermano y su país por mí.

Después de escucharla, le pedí que llamáramos a su esposo, a quien le diremos Pedro, puesto que, si en verdad se querían tanto, debían tener la capacidad de hablar esas cosas. Marta estaba un poco dudosa, pero accedió.

Pedro era un hombre delgado, alto, muy amable y sonriente. Aunque, siendo sincera, sentí que a ella le dio susto que yo lo llamara. Marta me permitió explicarle la situación y, cuando terminé de hablar, Pedro tenía una cara de gran alivio.

Él me dijo:

—Yo la he notado deprimida y triste, y por eso la acompañé a esta conferencia. Tenía miedo, porque ella me dice con frecuencia que quiere regresar a Colombia. Pensé que el problema era acerca de nuestra relación.

Luego, Pedro miró a Marta y le dijo:

Te voy a confesar algo que no te había querido contar por respeto a mi hermano. Cuando él era pequeño, vivía con mi mamá y su papá (solo eran hermanos de madre) fuera de San José. Su papá tomaba mucho licor, y en un par de ocasiones ya había golpeado a mi mamá. Un día, el señor este llegó muy borracho y la golpeó severamente. Juan trató de defenderla, y entonces la rabia del hombre se fue contra él y le pegó hasta fracturarle dos costillas, mientras le gritaba que él era hijo de otro y solo un estorbo. ¿Te imaginas el dolor? No solo el abuso físico y emocional y el desprecio, sino que estos vengan de tu propio padre. Con la ayuda de unos vecinos, mi mamá y mi hermano fueron al hospital y de ahí vinieron a vivir a San José, donde mi tía, debido a que les daba mucho miedo regresar a la casa. Mi hermano y mi mamá nunca volvieron a saber de él. Juan (así llamaremos al hermano) siempre ha sido así, distante, desconfiado y solo habla de sus cosas personales de manera muy evasiva, conmigo. A veces, me parece que siente que es culpa de él que su papá los haya botado de la casa. No te lo tomes a modo personal, así es él y tú no eres la primera persona que se siente incómoda con sus actitudes.

La cara de alivio y el llanto de Marta eran sanadores. Es increíble ver las películas que inventa la loca de la casa cuando una persona es distante, agresiva o pesada con uno.

El principio que quiero compartir contigo y por el cual te conté esta historia es este: *la gente herida hiere.*

Así es, la gente no puede dar de lo que no tiene. El cuñado de Marta llevaba su «procesión por dentro» y Marta pensaba que tenía algo en contra de ella.

Yo aprendí esto de una manera muy triste, pero fue una gran lección para mí.

Como te conté, viví muchos años en Nicaragua y durante trece años trabajé allí en televisión. En el departamento de contabilidad del canal que transmitía mi programa, había una señora que me entregaba los cheques del dinero que me correspondía de los patrocinadores.

Debo admitir que ella me caía mal (eso fue antes de que me dieran ataques de pánico y empezara a estudiar todo este tema de la inteligencia emocional) y era tanta mi inconformidad con respecto al trato que me daba, y tan baja mi inteligencia emocional, que le había puesto varios apodos: «la mokuana» (una bruja de una leyenda de Nicaragua), «la culebra» y «la anaconda».

La señora tenía su escritorio contra la pared, de manera que su espalda daba a la puerta. Por lo general, cada vez que yo iba a recoger un cheque, entraba tratando de ser muy educada, la saludaba con un «buenos días» o un «buenas tardes» y, la mayoría de las veces, ella me contestaba sin siquiera voltearse, dándome la espalda, con frases como: «Si viene por cheque, no hay». Eso era todo. Así no más. Sin mirarme, sin saludar y sin despedirse. Por supuesto, yo salía de allí furiosa, peleando con ella en mi mente, pensando que era una maleducada: *¿Cómo es posible que ni siquiera salude? ¡A lo mejor, ya tiene mi cheque y no me lo quiere entregar! ¡Grosera, maleducada, amargada!* ¡Ve tú a saber cuántas groserías más desfilaban por mi mente!

Un día, mi esposo me hizo el favor de pasar por el canal para recoger un cheque que ella me tenía, así que, antes de que él fuera, traté de advertirle: «Ten cuidado con esa señora, pues es muy odiosa y lo más probable es que no te atienda bien».

Horas más tarde, él regresó a mi oficina y, por supuesto, yo salí intrigada a ver cómo le había ido con esa mujer tan «difícil». Entonces, mi esposo me dijo algo que me dejó helada: «Margarita, cuando ella me vio, se puso a llorar y me pidió ayuda».

«¿Ayuda? ¿Ayuda con qué?». Yo no entendía nada. Acto seguido, mi esposo Alejandro me contó que esa mujer tenía un hijo drogadicto (creo que, de veintiún años, no recuerdo bien) que le pegaba, le robaba, les robaba a sus vecinos, y ellos venían a hacerle escándalos y a reclamarle a ella. Y el colmo de todo eso, según le dijo a mi esposo, es que muchas veces ella no sabía dónde estaba su hijo por dos o tres días, lo cual no le permitía dormir ni estar tranquila, imaginándose lo peor: si estaría en la cárcel, muerto o en un hospital. Para terminar, le dijo: «Y don Alejandro, encima de esto, yo tengo que venir a trabajar, aunque no sepa dónde está mi hijo, porque soy madre soltera de dos niños pequeños y, si sigo faltando al trabajo, por culpa de él voy a perder mi empleo».

> *Cuando logras ver a las personas difíciles con compasión, pasan dos cosas: primero, ya no te afecta lo que la persona hace, porque sabes entender que está herida. Por eso ella solo puede decir palabras hirientes o tener actitudes displicentes. Por otro lado, muchas veces es posible que puedas ayudarla a sanar sus heridas cuando ve que tú no reaccionas como lo hacen los demás y decide cambiar sus actitudes y abrirse buscando apoyo o un consejo de tu parte.*

Para mí, eso fue como si me tiraran un balde de agua fría en la cara. ¡Qué fácil y qué rápido la había juzgado! ¿Se imaginan no saber dónde está un hijo de uno desde hace dos o tres días y tener que ir a trabajar?

En ese momento, entendí por qué ella no me daba la cara. Es probable que las veces que llegué a su oficina, estuviera golpeada, llorando o, simplemente, no quería ver a nadie.

Ella le contó eso a Alejandro para que él le consiguiera ayuda con una fundación que internaba a jóvenes de bajos recursos con adicciones para su recuperación y, afortunadamente, se logró que esa institución le diera ayuda. Sin embargo, la lección que aprendí es que la gente herida es la que hiere. Caras vemos, corazones no sabemos.

Así que, la próxima vez que te encuentres con una persona odiosa, angustiada o mal encarada, en vez de verla con rabia o asumir que no le caes bien o que tiene algo en tu contra, elige verla a través del cristal de la compasión, pues es bastante probable que ella no pueda darte de lo que no tiene.

Quizá tenga heridas de su niñez, esté atravesando por un divorcio o afrontando sus propias inseguridades, sus miedos o tantas otras cosas que nosotros no alcanzamos ni a imaginar... la lista de posibilidades es interminable.

No hay que pedirle «peras al olmo». Si una persona tiene heridas y angustias, *«sapos y culebras»* en su mente y sus emociones, no esperemos que de su boca salgan flores. Ten compasión, pero a la vez, no permitas que sus actitudes arruinen tu estado emocional.

Ya te conté en páginas anteriores que durante muchos años tuve la oportunidad de visitar en las cárceles a gente privada de su libertad. Pues bien, una de las cosas que entendí con esa experiencia es que la cárcel está llena de gente herida.

Una de mis preguntas rutinarias cuando hablaba con alguien privado de su libertad solía ser: «¿Cómo fue tu niñez?». Me llamaba la atención que nadie me decía que había tenido una niñez feliz, llena de amor, de palabras amables y bonitos recuerdos. Cuando te digo ninguno, es ninguno, no me tocó ni una sola persona que dijera algo siquiera parecido. Casi todas me contaban historias dolorosas sobre haber sido víctimas de abuso físico (conocí a alguien a quien amarraban con cadenas a un árbol, como si fuera un animal), emocional e incluso sexual. Tengo clarísimo que haber sido herido no es una excusa para hacerles daño a otros, pues hay mucha gente que ha sido herida y no lo hace. Sin embargo, es probable que si muchas de esas personas no hubieran sido vendidas, drogadas, abandonadas o maltratadas, no les habrían hecho daño a otros ni estarían privadas de su libertad.

Qué *no* es el perdón

Ahora, entendiendo que debemos ser compasivos, permíteme explicarte lo que *no es* el perdón:

- Perdonar *no* significa que tengas que volver a exponerte a una situación en medio de la cual se te maltrata.
- *No* implica que tengas que volver a confiar en la persona que te hirió, ni que tengas que incluirla de nuevo en tu vida.
- *No* garantiza que la otra persona cambie o se arrepienta... eso, tú no lo puedes controlar.
- *No* es algo que haces por la otra persona, lo haces por ti.
- *No* significa que tengas que olvidar. Significa que podrás recordar la situación con paz y que te comprometerás a *no* pasar tiempo repasando una y otra y otra vez el daño que te hicieron.

Qué *sí* es el perdón

- Es liberarte, sanarte, dejar de envenenarte.
- Es darle un nuevo significado a lo que pasó.
- Es un regalo para ti mismo.
- Es pasar del *juicio* al *entendimiento*, sabiendo que la gente herida hiere y que todos los seres humanos estamos en diferentes procesos y momentos de aprendizaje.

Perdonar y perdonarte tiene muchos beneficios físicos: puede ayudarte a reducir dolores musculares, a regular el colesterol, a dormir mejor y a disfrutar de una sensación de mayor bienestar. Como vez, el perdón es un regalo enorme *para ti*.

¡Tú eres fuerte! Decide hoy perdonar y perdonarte.

Cierro este hermoso tema con una frase de Mahatma Gandhi: «Los débiles no perdonan. Perdonar es un atributo de los fuertes».

PUNTOS CLAVE DE ESTE CAPÍTULO

1. Hay dos tipos de violencia: la externa (contra los demás) y la interna (contra ti mismo).

2. La primera persona a la que debes perdonar es a ti mismo, nadie, absolutamente nadie, es perfecto.

3. Cuando pedir perdón no cause un mal mayor (destruir un matrimonio, por ejemplo), hazlo. Enmienda también el daño hecho siempre que puedas. Si no es posible hacerlo, procura ayudar a un tercero en nombre de aquella persona a la que le hiciste daño. Por ejemplo: te arrepientes de haber acosado a una niña cuando estabas en la escuela primaria. Hoy, ya no recuerdas su nombre ni sabes dónde vive, así que una buena manera de enmendar tu error podría ser apoyando a una fundación que ayude a niños víctimas del acoso o *bullying*.

4. Qué *no* es perdonar. Perdonar no significa que tengas que exponerte de nuevo a un maltrato, ni incluir en tu vida a una persona dañina. Tampoco garantiza que tu ofensor se arrepienta. No tienes que olvidar. Más bien, la idea es que puedas recordar el hecho sin sentir furia, dolor ni angustia.

5. Qué *sí* es perdonar. Es liberarte, es darte a ti mismo el regalo de disfrutar tanto de salud física como emocional. Es ser valiente y librarte del apego al sufrimiento.

EJERCICIO

¿Qué necesitas perdonarte?

_____

_____

_____

_____

¿A quién o a quiénes necesitas perdonar?

_____

_____

_____

_____

Escribe aquí todo el dolor emocional y físico que trae a tu vida el hecho de no perdonar o perdonarte:

_____

_____

_____

_____

Escribe aquí todo el placer y todas las cosas buenas que vendrán a tu vida a nivel físico y emocional cuando perdones a otros y te perdones a ti mismo:

_____

_____

_____

_____

Quiero aprovechar el tema que toqué sobre la cárcel para terminar este capítulo con un mensaje: si te sientes deprimido, triste o no te gusta tu vida, ve a servir, ya sea a un hospital, una cárcel o cualquier lugar donde se necesite una mano amiga. A lo mejor, dirás: «Pero si me siento mal, ¿cómo voy a ir a servir?». Lo que pasa es que cuando uno va a servir, siempre sale servido. ¿Por qué? Porque cuando ves la vida y los retos tan duros y tan fuertes que otros afrontan, de repente te das cuenta de que, comparados con los demás, tus desafíos son menores, y empiezas a adquirir otra *perspectiva* sobre ellos y a aumentar tu *agradecimiento*.

También hace que te concentres en cómo ayudar a otros y te «salgas de tu mente» por un rato.

Recuerda, cuando vas a servir, terminas servido.

¿Te gustaría servir en una fundación o a un grupo de personas?

_____

¿A quiénes?

_____

CAPÍTULO 11

Encuentra tu propósito

«El propósito de la vida es tener una vida con propósito».

—Robert Byrne

AL EMPEZAR MI VIDA LABORAL, no tenía claridad con respecto a qué me gustaba. Empezaba una cosa para luego entusiasmarme con otra. Sufría lo que llaman «el síndrome del objeto brillante», siendo atraída con gran facilidad por cualquier cosa que «brillara». Una tarde maravillosa, estando en Quintana Roo, México, mi esposo y yo asistíamos a una conferencia de Jim Rohn (Q.E.P.D.), uno de los más grandes líderes intelectuales de nuestros tiempos. Ese día, en el verano de 1996, empecé a ver tan fascinada cómo esa persona nos daba palabras de ánimo y nos guiaba de una manera tan elocuente y certera hacia una mejor vida, que el tiempo se me fue volando. Dos horas de conferencia me parecieron minutos, anhelé que aquella reunión no acabara nunca.

Cuando terminó, recuerdo perfectamente el momento en que le dije a mi esposo: «Esto es lo que quiero hacer con mi vida. Quiero estudiar, aprender y ayudar a otros a mejorar su vida». A partir de ahí, he tenido claridad absoluta con respecto al que es mi propósito de vida, el cual se reforzó más aún en el año 2000, cuando tuve los ataques de pánico y la depresión. Entonces, al dejar de preguntarme por qué me pasaba esto a mí y comenzar a preguntarme para qué, entendí que, si quería de verdad ayudar a otros, debía ayudarme a mí primero. Comprendí que no iba a enseñar igual si yo misma no había vivido, sufrido, comprobado y superado el dolor. Es así como encontré y reafirmé el propósito de mi vida.

La belleza de todo eso es que siento que no trabajo. Es común encontrarme «trabajando» a altas horas de la noche (ahorita, son las 11:00 y estoy escribiendo) o los fines de semana. Escribo «trabajando» entre comillas porque me gusta tanto que no me cansa, que el tiempo se me pasa volando, que me relaja y lo disfruto, sin mencionar que lo hago con mi propósito en frente, sabiendo que alguien me necesita hoy al ciento por ciento, que alguien está sufriendo igual o más que lo que yo sufrí y requiere de mi apoyo.

Sé que soy una afortunada, porque me siento en vacaciones todo el tiempo. Y ese es mi mayor deseo para ti, que encuentres tu propósito, tu porqué.

Tú eres un milagro. Para que existieras debieron conocerse tus padres, tus cuatro abuelos, tus ocho bisabuelos, tus dieciséis tatarabuelos, tus treinta y dos tataratatarabuelos, tus sesenta y cuatro tataratataratatarabuelos... en fin. Con una sola pareja de esas que no se hubiera conocido, no existirías tú, sino tu primo Pedro o tu prima Juana. Así que eres un ser único, no existe una sola persona igual a ti y la misión que viniste a cumplir solo puedes cumplirla tú. Ahora bien, el propósito no tiene que ser del tamaño del de Gandhi, ni como el de la Madre Teresa.

> «Trabajar duro por algo que no nos importa se llama estrés. Trabajar duro por algo que amamos se llama pasión».
> —Simon Sinek

Sin embargo, educar a tus hijos, generar empleo, inspirar a miembros de tu comunidad, crear conciencia sobre el cuidado del planeta, todos estos también son propósitos maravillosos. Tú solo necesitas encontrar el tuyo.

Empieza por preguntarte qué te apasiona. ¿Qué es aquello que, cuando lo haces, sientes que el tiempo vuela? Cuando hacemos algo que no nos gusta, sentimos cansancio, estrés, apatía y, a veces, hasta ansiedad.

No estás cansado, estás desmotivado: la pasión es la fuerza que nos mantiene andando

Como muchos inmigrantes, Carmen es una latina que se mudó de Colombia a Estados Unidos hace más o menos siete años para darles una mejor opción de vida a sus hijos. Trabaja limpiando oficinas todos los días. Sale a las 6:00 a. m. de su apartamento para tomar un transporte público y llegar a tiempo a su trabajo. Por las noches, Carmen trabaja en un restaurante, llegando a su casa más o menos a la medianoche a descansar unas horas con el fin de tener fuerzas para volver a empezar al otro día.

Sábados y domingos, Carmen trabaja en limpieza, como cocinera y niñera para una familia de seis miembros. No se toma un solo día libre y, la mayoría de las veces llega a su casa agotada, con dolores de espalda, brazos y pies.

Desde que llegó a Florida, ella ha tenido la costumbre de comprar la lotería todas las semanas para probar su suerte.

Un sábado, llegó a su casa a las 2:00 de la madrugada, pues sus empleadores tenían una fiesta y la habían contratado para cuidar a los niños hasta la 1:00 a. m. Exhausta, se fue a su casa sin un ápice de energía en su cuerpo. Era tanto su cansancio que decidió acostarse en el sofá de la sala de su pequeño apartamento. No se sentía con energía ni siquiera para llegar hasta su cama, ni mucho menos para quitarse el jean que le apretaba, así que se acostó en el sofá, se quitó los tenis y, con lo poquito que le quedaba de energía, sacó su celular y el billete de la lotería que tenía en la cartera. Entró a la página web para chequear los números como lo hacía todos los sábados. Sus ojos no podían creer lo que estaba viendo. Carmen miraba el tiquete y volvía a revisar su teléfono, miraba el tiquete y volvía a revisar una y otra vez el teléfono. Al fin, se convenció y se dio cuenta de que acababa de ganarse nada más y nada menos que veinte millones de dólares. Carmen, la mujer agotada, exhausta, adolorida, sin un ápice de energía en su cuerpo, pegó un brinco, se paró del sofá como un rayo y empezó a brincar. De inmediato, llamó a su familia en Colombia, obviamente, ya sin importarle en cuánto le iba a salir la cuenta del teléfono. Después, fue al apartamento vecino, donde vivían dos amigas de ella, y las invitó para que vinieran a su apartamento y así contarles la buena noticia. Pidieron comida, pusieron música y pasaron la noche riéndose, festejando y celebrando.

¿Qué pasó? Si hacía unos minutos Carmen no tenía energía en su cuerpo ni para llegar a su cama, ¿cómo es posible que se haya parado de un brinco, haya bailado con sus amigas y amanecido conversando y festejando? Prueba de esto es la del típico adolescente que, cuando llega del colegio de jugar un partido de fútbol, te dice que no tiene energía ni siquiera para levantar su mochila del suelo. Sin embargo, unos minutos después, lo llama su novia y le dice que si puede ir a su casa a ayudarla con la tarea. Entonces, verás que ese joven —sí, el mismo que estaba agotado y que no tenía aliento ni para levantar su mochila— se levanta de un tiro y camina veinte cuadras para llegar a donde ella está.

De manera que, la próxima vez que te sientas cansado, piensa: *¿Qué puedo ver en esta situación que me motive y cómo puedo darle un sentido superior al que estoy viendo en este momento?* ¿Recuerdas que te sugerí cambiar los «tengo que» por «tengo la oportunidad de»?

Yo no tengo que cuidar a mis hijos, yo tengo la oportunidad de cuidarlos y pasar tiempo con ellos. ¿Cuánta gente quisiera darse ese lujo? ¡Encuentra en qué consiste tu motivación! Dale un sentido mayor a lo que haces y verás que esa

> *Cuando piensas que estás cansado, lo que en realidad te está ocurriendo es que, muchas veces, estás desmotivado. Se ha demostrado que, con la suficiente motivación, aun sintiendo un dolor o cansancio excesivo, el ser humano es capaz de pararse, correr, esforzarse y dar hasta el doble de lo que ya había dado. ¿Qué te motiva? ¿Cómo podrías cambiar el significado de algo que «tienes» que hacer para que eso mismo se convierta en algo que «quieres» hacer?*

motivación te hará levantarte de la cama aun cuando no tengas ganas y te ayudará a seguir.

En ese orden de cosas, tampoco tengo que pagar mis cuentas, ni hacer mi contabilidad. Más bien, tengo la oportunidad de hacerlo. ¿Cuánta gente quisiera tener siquiera un poco de dinero que administrar?

En el libro *Making a Life, Making a Living*, de Mark Albion, él menciona un estudio que hizo el periodista Srully Blotnick con 1.500 graduados de la escuela de negocios entre 1960 y 1989. Esos graduados fueron divididos en dos grupos: los que, primero que todo, querían ganar dinero y los que primero querían hacer aquello que les apasionaba.

En el grupo A quedaron quienes querían primero ganar dinero, pensando que quizás una vez que lo obtuvieran, podrían dedicarse a lo que les apasionaba. En total, fueron 1.245 personas, es decir, el 83 %.

En el grupo B quedaron aquellos que manifestaron que primero querían dedicarse a lo que les apasionaba, esperando que, al fin, el dinero llegaría. En esta categoría quedaron 255 personas, es decir, el 17 % faltante. Las llamaron las «arriesgadas».

Después de veinte años, entre los 1.500 participantes en este estudio había 101 millonarios. Lo impactante es esto: tan solo un millonario provenía del grupo A, conformado por 1.245 personas, que fueron las que se enfocaron en ganar dinero y no en lo que les apasionaba. Ni siquiera el 1 %.

Más impactante aún fue saber que 100 de los millonarios provenían del grupo B, en el cual había tan solo 255 personas, el grupo que decidió dedicarse a lo que les apasionaba. ¡Casi el 40 %! Sorprendente.

Hace unos años, leí un libro de David Goggins titulado *Can't Hurt me* [No puedes dañarme]. Goggins ha sido considerado el hombre más fuerte del mundo. En un momento, rompió el récord mundial de hacer la mayor cantidad de barras sin parar. Él es un exmilitar estadounidense que describe en el libro su infancia llena de abusos y el esfuerzo casi inhumano que hizo para convertirse en un Navy Seal, miembro de las fuerzas militares élites de los Estados Unidos.

En el libro, él cuenta cómo, para ser parte de los Navy Seals, los aspirantes tienen que pasar por una prueba llamada «la semana del infierno», una experiencia militar tan dura que incluso algunos de los soldados mueren en el intento. Si no completas esa semana, pierdes la oportunidad de ingresar al grupo y no puedes volver a intentarlo. La única manera de volver a tener una nueva oportunidad es si saliste por una razón médica, según explica él en el libro. Y en caso de que existan razones médicas, lo máximo son tres intentos. Él lo intentó tres veces, pues las dos primeras salió por problemas médicos, así que a la tercera no podía rendirse. Si no lo lograba, aunque fuera por causas médicas, sería su última oportunidad de ser parte de los Seals. Entonces, Goggins tomó una decisión que suena absurda y que, cuando estás leyendo, no lo puedes creer: después de aguantar todo tipo de pruebas inclementes, Goggins terminó con ambas piernas fracturadas. Sin embargo, para no salirse, decidió amarrárselas con cinta adhesiva, ponerse sus botas y correr así kilómetros diarios con tal de lograr ser parte de ese pequeño y exclusivo grupo militar.

La teoría de Goggins es que, cuando te sientes cansado, apenas has dado un 40 % de tu energía, lo cual significa que vas a sacar el otro 60 % de tu mente con fortaleza mental, tu lenguaje, tu enfoque y tu fisiología. Como quien se gana la lotería y de repente encuentra una motivación tan grande que olvida todo cansancio y dolor. Este tipo de reacción está bajo nuestro control y podemos lograrla cada vez que queramos.

En muchas ocasiones, sabemos qué queremos tener o lograr, pero lamentablemente no nos sentamos a pensar por qué lo queremos. En su libro *No excusas*, Brian Tracy asegura que, cuantas más razones tengas para lograr una meta (más «porqués»), más probabilidades tendrás de lograrla.

Y tiene todo el sentido. Cuando estás motivado por una razón de peso, encuentras energía allí donde creías que ya no tenías. Recuerda: no estás cansado, estás desmotivado. Por ejemplo, hemos visto a padres y madres hacer proezas que hasta entonces se han considerado imposibles, todo por el amor a un hijo, una razón de mucho peso.

¿Alguna vez has visto a una mujer que dice que no tiene la fuerza de voluntad para dejar de fumar? Sin embargo, queda embarazada y, de repente, este nuevo «porqué», este amor a su bebé, la ayuda a encontrar la fuerza para no seguir fumando más.

En una ocasión, durante un vuelo de Panamá a Miami, tuve el privilegio de sentarme al lado del famoso cantante mexicano Emmanuel. Después de hacerle un par de preguntas y de sostener una conversación ligera, decidí preguntarle si él siempre había sabido que quería ser cantante. Su respuesta me pareció fascinante: *«Yo no quería ser cantante, yo quería cantar, que es muy diferente»*. ¡Qué maravilla! Su respuesta tuvo todo el sentido del mundo. Mucha gente quiere ser cantante por serlo o porque desea ser famosa y recibir atención. ¡Pero no le apasiona! Así como en el estudio de Mark Albión —el de los 101 millonarios— cien de ellos lograron su meta, porque amaban lo que hacían. El sueño de Emmanuel no era ser un cantante famoso, era cantar. Esa es su pasión.

Y pasión es lo que se necesita para ser exitoso y feliz. ¿Por qué? Porque si tus razones para lograrlo, tus «porqués», no son lo suficientemente grandes e inspiradores para ti, no vas a poner las horas extras que te toma lograr algo relevante o vas a sentirte cansado muy pronto. En cambio, cuando amas lo que haces, cuando quieres hacerlo día y noche, cuando te gusta tanto que el tiempo vuela y no lo sientes como trabajo, es mucho, pero mucho más probable que tengas éxito.

Por eso, una de las cosas más importantes que he aprendido en la vida es que cada uno debe encontrar lo que le apasiona, porque para tener éxito siempre necesitarás andar la milla extra, tendrás que trabajar cuando muchos están descansando o de fiesta.

Entonces, hoy te pregunto: ¿qué es aquello que, cuando lo haces, te sale muy bien y se te pasan las horas sin sentirlas? Es importante que sepas lo que te apasiona, qué es lo que quieres lograr en la vida y por qué lo quieres lograr. Y eso, con seguridad, te dará mucha más energía de la que creías tener.

PUNTOS CLAVE DE ESTE CAPÍTULO

1. Tener un propósito claro en la vida te dará una ventaja ganadora, porque cuando haces aquello que amas y te inspira, el trabajo deja de ser trabajo, lo disfrutas y lo haces con excelencia.

2. También es posible convertir acciones cotidianas en actividades que disfrutas. Esto ocurre cuando dejas de verlas como una obligación (como un «tengo que...») y te recuerdas a ti mismo que es un privilegio hacerlas («tengo la oportunidad de...»).

3. Cuando te sientas cansado, recuerda que dentro de ti siempre hay fuerzas. Si en este momento te dijeran que te has ganado la lotería, encontrarías la energía más que suficiente para saltar y bailar. Por lo tanto, busca en tu mente una razón para brincar y notarás que la energía aparecerá.

EJERCICIO

Quiero regalarte uno de los ejercicios de nuestro curso «Metas, claridad y dirección para un desempeño superior», el cual te ayudará a encontrar el propósito de tu vida.

Solamente, escanea este código:

O visita este link para descargarlo totalmente gratis https:// www.yopudetupuedes.com/encontrandoproposito/

CAPÍTULO 12

El triángulo de la serenidad. Junta todo el conocimiento

«En eso en lo que te enfocas, creces. En aquello en que piensas, te expandes. A lo que le das vueltas en tu mente, se convierte en tu destino».

—Robin Sharma

DESDE EL AÑO 2000, HE dedicado una parte importante de mi vida a estudiar el manejo de las emociones y la mente. He leído libros, asistido a seminarios, obtenido certificaciones, hablado con profesionales e investigado y aplicado todo tipo de técnicas y herramientas aptas para manejar este tema.

Esta investigación no solo me ayudó a superar el pánico, sino también a eliminar de mi vida la claustrofobia, la depresión y la hipocondría. Además, me enseñó cómo manejar apropiadamente mi autorregulación emocional.

Después de tanto estudiar, practicar e investigar, he concluido que, al final, son estos tres factores los que determinan cómo te sientes el 95 % de las veces. Los llamo «el triángulo de la serenidad»: lenguaje, enfoque y fisiología.

Lenguaje

Como aprendimos al inicio del libro, la persona con la que más hablamos somos nosotros mismos, y el lenguaje que usamos para explicarnos los sucesos que pasan en la vida determina cómo nos sentimos, cómo nos relacionamos, qué niveles de energía tenemos y qué tipo de salud disfrutamos. Si desde que me levanto empiezo a usar palabras con una intensidad negativa alta, pues no voy a sentirme bien. Por ejemplo, expresiones y palabras como «¡Qué desgracia!», «¡Horror!», «¡Furiosa!» y «¡Agotado!» son tan fuertes y negativas que tendrán una reacción bioquímica en tu cuerpo, segregando adrenalina y cortisol, haciéndote sentir mal físicamente, y lo más probable es que hasta llevándote a ver la situación que afrontas más grande y negativa de lo que en realidad es.

Veamos algunos ejemplos de cómo cambiar frases o palabras cuya intensidad emocional es negativa por otras expresiones neutras o positivas. Al pronunciarlas, observa si cambia la manera en que te sientes:

Negativo	Positivo
Estoy agotado	Estoy recargando baterías
Estoy sola	Soy receptiva al amor
Estoy encerrado	Estoy protegido
Es alguien odioso	Es alguien herido
Tengo la menopausia	Tengo el verano por dentro
Lo detesto	No me afecta
Odio la ensalada	Elijo la ensalada
No me quiere	Se lo pierde
Es terco	Es persistente
Es callado	Es analítico
Fracasé	Aprendí
Tengo defectos	Tengo áreas de oportunidad
Problema	Desafío, oportunidad, situación
Me criticó	Me regaló su retroalimentación
Vejez	Juventud acumulada
Enfermo	Sanando
Pelea	Debate apasionado
Es raro	Es auténtico
Insensible	Fuerte

A continuación, escribe algunas frases negativas que tiendas a usar y luego busca cómo cambiarlas por una perspectiva positiva:

Negativo	Positivo
_____	_____
_____	_____
_____	_____
_____	_____
_____	_____
_____	_____
_____	_____
_____	_____
_____	_____
_____	_____
_____	_____

Como te he mencionado, me ayuda mucho cambiar las palabras «tengo que» por «tengo la oportunidad de».

Verás, cuando dices «Tengo que», tu mente lo interpreta como que te están obligando a hacer algo contra tu voluntad, y la mente hace lo que ella cree que tú quieres. Al tú decir: «Tengo que trabajar», tu mente interpreta que te están forzando a trabajar y hará que te distraigas, sientas sueño o lo que sea necesario para sacarte de esa situación forzada en que se supone que estás.

Por el contrario, cuando dices: «Tengo la oportunidad de trabajar. ¡Cuánta gente quiere un trabajo y no lo tiene!», le estás dando un giro positivo a la situación y tu mente entiende que trabajar es algo que deseas hacer, que agradeces, que tú mismo elegiste realizar.

Cuando tenía el programa de televisión, creamos un tipo de *reality* que se llamaba «Series de 24 horas». La idea era poner a los participantes en situaciones que les permitieran vivir durante veinticuatro horas experiencias totalmente diferentes a las que forman parte de su vida con el fin de que lograran hacer una reflexión. En una ocasión, hicimos un programa llamado «24 horas de miseria». La idea era llevar a dos jóvenes universitarios a vivir veinticuatro horas con familias en extrema pobreza que habitaban en un basurero municipal, en medio de desperdicios, malos olores, aves de rapiña y condiciones infrahumanas.

El programa no solo impactó a los dos jóvenes que accedieron a dormir allí, sino a todos los que estábamos grabando y, por supuesto, a los televidentes.

Cuando regresé a mi casa, me di cuenta de cuánto me quejaba por hacer cosas que, en realidad, es un privilegio hacerlas. «Tengo que lavar los platos» se convirtió en «Tengo la oportunidad de lavar los platos, lo cual significa que en mi casa hay comida y agua para lavar». «Tengo que manejar» se convirtió en «Tengo la oportunidad de manejar, lo cual quiere decir que tengo carro, un trabajo a donde ir, unos ingresos y un nivel de educación que me permite ganarme la vida». En fin, ese programa cambió mi vida. Ver a personas peleándose con las aves de rapiña por pedazos de comida descompuesta me dio una gran perspectiva. ¡Cómo nos quejamos! ¡Qué fácil es ver ciertos privilegios de los cuales disfrutamos como si fueran una tortura, como una «obligación»! Es por eso también que, en páginas anteriores, te propuse ir a servir a un hospital, a una cárcel... en fin, es innegable que cuando uno va a servir, dondequiera que vaya, sale de allí servido.

Tu mente tiene dos misiones importantes: alejarte del dolor y acercarte al placer. Cuando digo: «Tengo que trabajar, pero me encantaría estar en el sofá

> *Tu comunicación contigo mismo incluye tu diálogo interno y las palabras que pronuncias en voz alta. Estas dos prácticas afectan cómo te sientes y cómo actúas.*

viendo televisión», le estoy diciendo a mi mente que mi trabajo implica dolor y el sofá placer.

Cuando dices: «*Tengo que comer esta ensalada horrible para bajar de peso, pero se me hace agua la boca por una hamburguesa*», ¿cuánto tiempo crees que vas a durar comiendo de manera saludable? Tu mente te va a alejar de la ensalada más temprano que tarde (porque le has dicho que este tipo de comida te causa dolor) y va a intentar acercarte a la hamburguesa (porque le has dicho que eso es lo que en verdad quieres comer).

Qué tal si mejor dices: «*Amo mi trabajo, elijo trabajar, porque me fascina lo que hago*», «*Elijo comer ensalada. Es cierto que la hamburguesa me gusta, pero amo la ensalada y amo mi salud y mi cuerpo, y la manera en que me voy a sentir*». Entonces, poco a poco, tu mente irá cambiando la imagen de aquello que es placer y de lo que es doloroso para ti, y te apoyará a tomar decisiones más acertadas para que obtengas el éxito, la salud y el bienestar que añoras.

Por años, he viajado con mucha frecuencia. A veces, hasta cuarenta y ocho semanas por año, dando conferencias en diferentes países y entrenando a equipos de alto desempeño con nuestros clientes corporativos. No ha sido raro para mí que alguien se me acerque con una cara que parece decir: «Pobrecita, usted trabaja mucho, debe estar agotada».

¡Para nada! Yo tengo la oportunidad de hacer lo que amo todos los días, así lo elijo y es un privilegio para mí. No sabes cómo me llena de energía abrazar este privilegio cada día. Sería fácil sentarme a quejarme y decir: «*¡Síííí, no sabes qué duro es este ajetreo, no me bajo de un avión, duermo en hoteles!*». Sin embargo, mi realidad es que amo mi trabajo, lo elijo y entiendo el regalo y el privilegio que hay en él.

Estoy segura de que ya captaste la idea y al final de este capítulo vas a poder cambiar algunos de tus «tengo que» por «tengo la oportunidad de», «quiero», «elijo» e incluso: «Estoy feliz, porque haré...».

Si te cuesta mucho cambiar tu lenguaje o no te das cuenta de él cuando estás en medio de una espiral de pensamientos negativos, recuerda ponerte la liga de hule en la muñeca para que te acuerdes de transformar tu lenguaje negativo en uno positivo. También funciona activar una alarma en tu celular para que suene cuatro veces al día y ejerza en ti el mismo efecto de cambio. Cada vez que suene, detente y analiza en dónde están centrados tus pensamientos.

Una última advertencia con respecto al lenguaje: ten cuidado con los dichos y las metáforas que heredamos de nuestra familia o que son parte de la cultura de nuestra ciudad. De manera automática, hacemos afirmaciones que generan creencias limitantes y nos detienen de liberar nuestro potencial.

A continuación, encontrarás algunos ejemplos de dichos y metáforas que debemos evitar:

1. Loro viejo no aprende a hablar.
2. Dios le da pan al que no tiene dientes.
3. Tengo el agua hasta el cuello.
4. Palo que nace doblado, jamás su tronco endereza.
5. Es demasiado bueno para ser verdad.
6. Crea fama y échate a la cama.
7. Tengo dolor en el alma.
8. En casa del herrero, azadón de palo.
9. Al que no quiere caldo, se le dan dos tazas.
10. Me va a matar.
11. Voy a explotar.
12. Estoy que reviento.
13. Se me vino el mundo encima.
14. Nunca falta el pelo en la sopa.

Escribe acá metáforas o refranes negativos que uses o que se usan en tu familia con frecuencia:

_____

_____

_____

_____

_____

_____

_____

_____

_____

_____

Decide eliminarlos de tu vocabulario hoy, estando atento todo el tiempo, pues decimos muchas de esas frases y las creemos de manera automática.

Enfoque

La segunda cara del triángulo es el enfoque. Cuando conocí a quien sería mi esposo, no me gustaba la lectura. Tomaba un libro y me quedaba dormida o me aburría. Sin embargo, decidí que la lectura en el tema del desarrollo personal era algo que quería incluir en mi vida, así que empecé leyendo cinco páginas diarias.

> *Los problemas en tu vida no cambiarán si no eliminas las palabras con que los alimentas.*

Me propuse no irme a dormir hasta haber cumplido esa meta diaria. Hoy, leo entre media hora y hasta dos o tres horas diarias, y los frutos de esas lecturas en mi vida han sido gigantescos. Es increíble que, cuando te enfocas en un área, esta se fortalece o crece; ya sea una parte de tu cuerpo, tus finanzas, una relación, tu espiritualidad, tu desarrollo personal o cualquier otra cosa. Donde van tu energía y tu atención, allí te expandes.

Imagínate que a ti y a una compañera de trabajo las invitaron a una boda. Solo que esta no es cualquier boda, es la boda del año de tu ciudad. En ella, estarán presentes artistas internacionales famosos, va a ser en un lugar muy exclusivo y todos los invitados tienen grandes expectativas acerca del evento. Por su parte, tus otros compañeros de trabajo se sienten tristes, porque no los invitaron y están esperando a que llegue el lunes para que ustedes dos les cuenten cómo estuvo la fiesta.

El lunes llegas tú primero a la oficina con tu celular y, como eres una persona positiva, empiezas a mostrarles a todos las fotos de la gente bailando, de los novios felices, de los artistas internacionales, de la deliciosa comida y demás detalles de la reunión. Todos tus compañeros están fascinados, viendo las imágenes preciosas en tu celular. Media hora después, llega tu otra compañera de trabajo, que es un poco negativa, y empieza a mostrarles a todos lo que tiene grabado en el celular. A partir de ese instante, comienza a decirles que la fiesta fue horrible y les muestra la foto de un borracho y el desastre que él hizo en una mesa. Después, les muestra un video de una pareja peleando y decide quejarse, porque le correspondió una mesa muy cerca de un parlante y la música no le permitía hablar con los otros invitados. Increíble, ¿no? Fue la misma fiesta, pero ambos enfocaron sus cámaras en cosas diferentes y, por lo tanto, tuvieron dos experiencias opuestas.

> *Tu vida es tu fiesta. ¿En dónde enfocas tu cámara la mayor parte del tiempo? ¿En todo aquello que puedes agradecer? ¿O tiendes a ver el punto negro en la hoja blanca?*

Y con respecto a tus seres queridos y a quienes te rodean, ¿te enfocas más en sus fortalezas y cualidades? ¿O en sus áreas por mejorar?

Permíteme explicarte algo en cuanto al enfoque que marcará una diferencia radical en tu bienestar. No es lo mismo un *pensamiento negativo* que *pensar negativo*. Son dos cosas totalmente diferentes.

Verás, cuando yo era ansiosa, pensaba negativo todo el día y muchas cosas me daban miedo. Dejaba de vivir experiencias lindas debido a que pensaba negativo. El mar me daba miedo, los elevadores me daban miedo, me daba miedo que a mis seres queridos les pasara algo, miedo, miedo por todos lados, así que no era cuestión de que tuviera un *pensamiento negativo*. La cuestión era que siempre estaba miedosa, porque *pensaba negativo*.

Mi familia y yo vivimos en una pequeña isla en Florida y tenemos playas lindas a nuestro alrededor. Hace poco, fui sola a hacer esnórquel y, por esos días, se habían vistos varios cocodrilos cerca de la playa. Bajándome del carro, pensé: *¿Y-SI me sale un cocodrilo?* Eso es un *pensamiento* negativo. No es *pensar* negativo. ¿Cuál es la diferencia? El enfoque. El pensamiento negativo vino a mí... *el cocodrilo...* yo lo ignoré, pensé rápido en las estadísticas*: No conozco a nadie que haya sido atacado por un cocodrilo acá y yo no voy a ser la primera,* y pasé unas horas maravillosas en el mar.

Entonces, pensamientos negativos tenemos todos. Pensar negativo es cuando tomas esos pensamientos negativos, los alimentas, te enfocas en ellos, los haces crecer y te pierdes un montón de cosas maravillosas en la vida por estar enfocándote en esos miedos basados en fantasías que no tienen un soporte real y que lo más seguro es que tengan todas las estadísticas en su contra.

La actividad mejor pagada del mundo es una que no te imaginas: pensar. Sí, pensar. Salirte del piloto automático y pensar en soluciones, ideas, maneras de hacer las cosas mejor, más fácil, más rápido, más efectivas, en fin.

¿Te has preguntado qué pasó con empresas como BlackBerry, Kodak o Blockbuster? Dejaron de innovar... ¡de pensar!

Imagínate que vas en un carro de carreras y pierdes el control del auto, que por cierto va a 300 kilómetros por hora. Sabes que, si chocas contra la pared, el accidente será desastroso. Si tienes fija tu mirada en la pared, lo más seguro es que chocarás contra ella.

¿Por qué no mirar mejor a la pista, a tu punto de recuperación, y poner toda tu energía y enfoque en enderezar el auto?

Pues bien, cuando tienen un desafío, muchas personas se enfocan en él y no en la solución. Se quedan mirándolo, como viendo fijamente la pared contra la que van a estrellarse. Sufren, se angustian y empiezan a tener visión de túnel... donde no ven ninguna salida.

Pensando en los carros de carrera, quiero invitarte a que te enfoques en las soluciones realizando este ejercicio, al que yo llamo «Fórmula 1».

El ejercicio consiste en escribir sobre un evento o situación que te está causando estrés y que, en lugar de quedarte viéndolo —como un corredor de autos que mira fijo la pared contra la que chocará—, te enfoques en posibles soluciones, lecciones y oportunidades. Esto lo vas a hacer contestándote preguntas que empoderan.

Por ejemplo:

1. ¿A quién sería sabio pedirle ayuda?
2. ¿Qué libro necesito leer?
3. ¿Qué palabras debería buscar en Google?
4. ¿Qué videos en YouTube me ayudarían a encontrar la solución que busco?
5. ¿Qué necesito dejar de hacer?
6. ¿Qué voy a empezar a hacer?
7. ¿Con qué recursos cuento para optar por la mejor solución?
8. ¿Qué recursos me faltan y cuál es la mejor forma de obtenerlos?
9. ¿Qué oportunidades que no estoy viendo trae consigo este desafío?
10. ¿Cuál es la forma más rápida de solucionarlo?
11. ¿Qué experto sería importante contratar?

¿Listo para probarlo? Este ejercicio es maravilloso y te recomiendo practicarlo cada vez que estés estresado o te encuentres frente a un desafío.

Escribe acá esa situación que está causándote estrés:

_____
_____
_____
_____

Haciéndote preguntas que empoderan como las que te acabo de presentar, escribe veinte soluciones para esta situación:

_____   _____
_____   _____
_____   _____
_____   _____
_____   _____
_____   _____
_____   _____
_____   _____
_____   _____
_____   _____

De las veinte soluciones que escribiste, elige una que llevarás a cabo de inmediato y anótala acá:

_____
_____
_____
_____
_____

Fisiología

> *Cada vez que te sientas preocupado por algo, cambia tu enfoque, hazte las preguntas correctas y busca la solución o la lección que te deja este desafío.*

La tercera parte del triángulo, que es la base, es la fisiología. La manera en que manejamos nuestro cuerpo, determina en gran parte cómo nos sentimos.

Piensa en cómo es la fisiología de una persona que se encuentra deprimida o triste. Por lo general, tiene los brazos cerrados, los hombros caídos y quizá la mirada hacia abajo. Su tono de voz es tenue y pausado.

Ahora bien, imagina que estás viendo a una persona que se siente absoluta y totalmente feliz. ¿Cuál sería su fisiología? Lo más seguro será que su cabeza esté en alto, tendrá una hermosa sonrisa, sus brazos estarán abiertos, el tono de su voz debe sonar alegre. Sería rarísimo ver a alguien feliz y contento, fascinado y extasiado, mirando para abajo, cerrando los brazos y con el ceño fruncido, ¿verdad?

¡La mente no sabe la diferencia! ¿Te imaginas? ¡Qué buena noticia! Lo que esto significa es que, si tú estás triste, pero decides escuchar música, sonreír y bailar, tu mente va a decir: «Un momento, acá estamos felices», y cambiará la química de tu cuerpo. Dependiendo de las señales que le mandes a tu mente, tu cuerpo segregará químicos y hormonas que te enferman, te deprimen y te hacen sentir mal o, por el contrario, segregará sustancias que te alegran, te energizan y te motivan (recuerda, generará una «sopa de veneno» o «una sopa de felicidad»).

En su charla Ted, Ammy Cuddy menciona un estudio en el que tomó pruebas de saliva de distintas personas y luego les pidió que hicieran poses de poder durante dos minutos. Una pose de poder es pararse como Superman o la Mujer Maravilla, con los brazos abiertos, ya sea en la cintura o en forma de V, estirándolos hacia arriba.

Cuddy asegura que, después de dos minutos de hacer eso, sus participantes bajaron el cortisol (hormona del estrés) en un 25 % y elevaron su testosterona en un 20 %, que es la sustancia que ayuda a entrar en acción.

Tony Robbins, el famoso motivador estadounidense, enseña que el movimiento crea la emoción. Si te mueves con energía y ánimo, te sientes motivado y feliz.

Yo lo he comprobado muchísimas veces. Antes de dar una conferencia o si me siento cansada, pongo una canción que me inspire (me encanta «Girl on Fire», de Alicia Keys, y «La vida es un carnaval», de Celia Cruz), bailo, brinco y canto. Y rápidamente siento más energía y motivación.

Entonces, cuando estés estresado, enojado o triste, recuerda el uno, dos y tres del triángulo de la serenidad:

> *La fisiología y la emoción son bidireccionales. Cuando una persona está feliz, sonríe. Y si no se siente bien y sonríe, comenzará a sentirse feliz o, por lo menos, a sentirse mejor. Fisiología y emoción son una carretera de doble vía.*

1. **Lenguaje.** Analiza cómo te estás hablando a ti mismo y cómo te estás explicando los eventos en tu vida.
2. **Enfoque.** Pregúntate dónde estás enfocando tu «cámara». ¿Te estás fijando en lo que te falta, en lo que no tienes o en lo que salió mal? ¿O estás agradeciendo y enfocándote en lo bueno que hay en tu vida? En otras palabras, ¿te estás enfocando en el problema o en la solución?
3. **Fisiología.** Sonríe, baila, abre los brazos. Haz una pose de poder y mantenla mientras piensas en cosas positivas y sonríes por dos minutos.

Si te enfocas en este 1, 2, 3 (lenguaje, enfoque, fisiología), en menos de tres minutos habrás reducido considerablemente tu estrés, te sentirás mucho mejor y estarás listo para disfrutar de un día espectacular.

PUNTOS CLAVE DE ESTE CAPÍTULO

1. Después de estudiar por más de dos décadas cómo se forman las emociones, todas las investigaciones, cursos y aprendizajes, encuentro que la mejor explicación es la de Tony Robbins sobre cómo controlar tu estado emocional: Controlando tu lenguaje, tu enfoque y tu fisiología, a lo que llamo el triángulo de la serenidad.

2. *El lenguaje.* Es todo acto de autocomunicación, bien sea en silencio, en voz alta, por escrito. Las palabras que usamos tienen una intensidad emocional. Todos los días debo elegir de manera consciente las palabras que uso para cuidar de mi bienestar.

3. *El enfoque.* Tu vida es tu fiesta. Puedes tomar tu celular y grabar videos de lo que no estás disfrutando, del borracho o de una mancha en el tapete, o puedes enfocar tu cámara en todo lo bueno y bonito que está sucediendo a tu alrededor. Tú tienes el control, tú manejas el enfoque. ¿Vas a ver lo bueno, las lecciones y las soluciones? ¿O vas a enfocarte en el punto negro en la hoja blanca?

4. *La fisiología.* Las emociones y la fisiología son bidireccionales. Esto quiere decir que, así como el que está feliz sonríe, si sonríes, también te sentirás feliz. Funciona de las dos maneras. Si te sientes estresado, ansioso o triste, cambia tu fisiología, canta, baila, ríe. Verás que te sientes mejor.

CAPÍTULO 13

Cambia tu mente, cambia tu vida

«No hay límites para lo que puedes lograr en la vida, excepto los que tú aceptes en tu mente».

—Brian Tracy

IMAGINA QUE VOY AL AÑO 3000 y te traigo una computadora del futuro. Es una máquina poderosa y maravillosa que tiene el tamaño de un botón. Seguro te vas a asombrar ante semejante artefacto y su tecnología. El problema es que no traje el manual de instrucciones y no sabrás ni siquiera cómo encender semejante maquinón.

Verás, todos venimos al mundo con una máquina avanzadísima de la cual aún no hemos descubierto ni el diez por ciento de lo que puede hacer: nuestra mente.

Si bien acá no pretendo darte todo el manual de instrucciones del centro de mando de tu vida, no puedo irme sin repetirte esto: «Tú no ves el mundo como es, sino como crees que es».

La mente es una máquina maravillosa. ¿Sabías que no ves con los ojos, sino con la mente? Los ojos perciben la luz y todo lo que hay frente a ti, pero es tu mente la que decide aquello que captas y no captas. Permíteme darte un ejemplo. ¿Te ha pasado que compraste o quieres comprar un carro de una marca determinada y, de repente, empiezas a verlo por toda tu ciudad? No es que ahora haya más personas comprando el mismo tipo de carro que tú elegiste, sino que ahora tu mente te los deja ver. Antes de que lo compraras o de que tuvieras la intención de hacerlo, tu mente ponía puntos ciegos a lo que ella creía que no era importante para ti. Ese carro no te importaba, por lo tanto, no te lo mostraba. Ahora, como es importante, lo ves en cada esquina. Ese es el «filtro» de la mente. Se llama sistema reticular activo y su trabajo es, precisamente, filtrar para mostrarte lo que ella cree que tú quieres ver.

En otras palabras, no vemos con los ojos, sino con la mente. Los ojos, a través de la luz, captan demasiada información y, como la mente no puede procesarla toda, necesita elegir: esto sí lo veo, esto no. ¿Y con base en qué elige? Basándose en tus creencias y prioridades.

Una persona que cree que el mundo está podrido, que las personas son malas y que hay demasiada maldad, ¿qué crees que va a ver por todas partes? ¡Exacto! Maldad y gente mala. En cambio, una persona bondadosa, que cree que el ser humano es en su mayoría bueno, que hay oportunidades por todas partes y que la vida es bella, verá un mundo muy diferente.

En el año 2019, Sofía, mi hija mayor, decidió comprarse un carro de una marca que, según mi opinión, no era muy popular. Mi primera reacción fue decirle: «¿Por qué ese carro? Casi nadie tiene esa marca y después te va a ser muy difícil venderlo». Pero... ¿qué crees? Solo bastó con que Sofía lo comprara para que yo empezara a verlos en cada esquina, literalmente. Aún hoy, los veo por todas partes. Mi hijo Alejandro me preguntó si conocía una marca de tenis. Nunca había oído hablar de esa marca, así que él me mostró algunas fotos. De repente, ¡pum! Empecé a ver a una gran cantidad de adolescentes que se atravesaban en mi camino usando esa marca.

¿Te ha pasado algo similar? No es que ahora haya más carros de la marca que tú manejas, ni más tenis de la marca que le gusta a tu hijo. Lo que ocurre es que ahora tu mente te los muestra, porque percibe que para ti son relevantes.

Por esa razón, las personas positivas ven oportunidades por todas partes, porque así han programado su mente.

En el juego de la mente todo se resume en una sola cosa: ¿cuál es tu imagen dominante?

Vamos a profundizar en esto. La mente es un mecanismo teledirigido, o sea, necesita «pegarle a un blanco». Si en tu mente tienes la imagen de que no eres suficiente, no eres capaz, de que la abundancia no es para ti, y cosas por el estilo, esa es la imagen dominante a la que tu mente debe «pegarle». En tu subconsciente hay un «personaje» que se llama subconsciente creativo. Su trabajo, día y noche, es mantenerte cuerdo. La cordura significa coherencia. Su trabajo es que tu mundo exterior sea coherente con lo que muy en el fondo de tu mente crees que es normal para ti.

Veamos un ejemplo: Juanita hace su primer intento por hablar en público en su escuela primaria. Al hacerlo, se equivoca y sus compañeritos empiezan a reírse. Por su parte, la maestra procede a decirle que no practicó y le da una mala nota. No parece gran cosa, ¿verdad? ¡Mentira! Sí es gran cosa, porque si la emoción fue fuerte para Juanita, ella pudo haber interpretado lo sucedido como: «No sirvo para hablar en público, no soy inteligente, no tengo esta o aquella capacidad», y esto, mis amigos, quedó enterrado en los archivos de la mente subconsciente de esta niña.

Adelantémonos ahora veinticinco años. Hoy, Juana es una abogada exitosa y le dan la oportunidad de hablar en un simposio de una prestigiosa universidad en Estados Unidos. Su familia está orgullosísima, pero ella se siente muy nerviosa, de modo que practica su discurso una y otra vez, contrata a un entrenador que la supervise, aprende técnicas de respiración, y practica y practica y practica su discurso. Su familia le dice que se relaje, que se lo sabe de memoria, que lo va a hacer muy bien.

La noche antes, Juana le repite el discurso a su esposo y se acuesta tranquila. Se lo sabe perfectamente. Llega el anhelado momento, Juana sube al podio y, ante las miradas de estudiantes, miembros de la facultad y su familia, sus manos empiezan a ponerse heladas y su voz se oye temblorosa. Mira al público y a su esposo, tratando de encontrar las palabras... ¡pero su mente está en blanco! *¡No puede ser, practiqué, me lo sé, quiero llorar!* Finalmente, alguien se compadece de ella, sube al pódium y la ayuda a bajar, explicándole a la audiencia que la ponente no se siente bien y que continuarán con la agenda del día. Juana pasa a un cuarto detrás del escenario con su esposo, donde llora inconsolable y de repente... ¡zas! Todo el discurso regresa a su memoria. ¿Qué fue eso? ¡Cómo pudo pasar!

¿Crees que Juana tiene una rara enfermedad que genera amnesia súbita? ¡Es obvio que no! Lo que ocurre es que su subconsciente creativo (aquel personaje que te mantiene «cuerdo» o coherente) asocia el hecho de hablar en público con peligro, así que enciende todas las alarmas, su corazón empieza a palpitar rápidamente, su mente se queda en blanco, su sudoración se activa como nunca y todo su cuerpo le dice: «¡Corre por tu vidaaaaaa!». Aunque a nivel consciente Juana sabe que su vida no está en peligro, su subconsciente creativo le está «pegando» a la imagen dominante, a la creencia dominante que se formó en su niñez: «no puedo hablar en público», «hablar en público me expone al ridículo», «debo evitar a toda costa hablar en público». Cuando Juanita nació, no le dijeron a su mamá: «Ha nacido una niña hermosa, pero vino con un problema, y es que jamás podrá hablar en público». ¡Noooo! Ella vino perfecta. Su miedo es un tema de programación: una programación a la cual su mente responde sin saber si esa respuesta es buena o mala para ella.

Déjame darte un ejemplo mío. Desde pequeña, tuve creencias limitantes sobre el dinero, por ejemplo: «El dinero es escaso, es difícil de conseguir, se esfuma y no rinde». Todas estas eran creencias muy arraigadas en mí y de verdad las aceptaba. Además, me creaban una incertidumbre constante, porque me sentía atrapada, viviendo siempre con lo que hoy llamo «mucho mes al final del cheque». En otras palabras, siempre estaba corta de dinero. Lo peor y más peligroso era que, en mi subconsciente creativo, ese era mi estado «normal». Así que, para mantenerme «cuerda», él debía sabotearme cada vez que yo avanzara un poco en mis finanzas.

Recién llegada a Miami, con visa de estudiante, no tenía mucho dinero. Recuerdo que un tío mío me ofreció dos mil dólares por traducir al español unos manuales de su empresa. ¡Dos mil dólares! ¡Eso era una fortuna para mí! Me sentía muy emocionada. Rápidamente, emprendí la tarea e hice un muy buen trabajo. Una vez entregados los manuales, mi tío me pagó lo prometido. Me sentía en la cima del mundo. ¡Increíble! *En mi cuenta hay dos mil dólares*, pensaba. Unos diez días después, choqué mi carro (nunca había chocado en mi vida ni he chocado después). ¿Cuánto crees que me costó el arreglo del carro? Un poco más de dos mil dólares. De modo que quedé nuevamente sin dinero y regresé a mi estado financiero «normal».

Puedes estar pensando: *Ay, por favor, Margarita. Fue una casualidad.* Puede ser, pero lo dudo. Cuando entendemos qué es el autoconcepto, uno de los mayores descubrimientos de la sicología moderna, y cómo funciona, todo esto adquiere sentido.

El autoconcepto es como el termostato de un aire acondicionado. Si lo gradúas en setenta grados Fahrenheit, el termostato encenderá el aire acondicionado cuando la temperatura del cuarto suba de setenta y uno o setenta y dos grados. Por el contrario, si el cuarto se pone muy frío, digamos a sesenta y seis grados, el termostato apaga el aire acondicionado hasta que la temperatura del ambiente se regule a setenta grados. Lo mismo hace tu subconsciente creativo. Es un termostato. Tú tienes una idea de lo que es «normal» para ti. Cuánto dinero es «normal» tener, cuánto es «normal» pesar, en qué tipo de barrio es «normal» vivir, en fin.

Entonces, por más intentos que hagas de cambiar afuera, mientras no cambies adentro lo que es para ti un nivel «normal», tu mente seguirá saboteándote como lo hizo con Juanita en su discurso y conmigo cuando gané dos mil dólares por primera vez. Puedes refutarlo o aceptarlo, pero la verdad es que darle creencias más positivas y abundantes a tu mente siempre te ayudará a vivir mejor, a ver más oportunidades, a tener mejores ideas y más energía para lograr tus metas.

La pregunta aquí es, ¿qué hacer?

Sencillo: darle una nueva imagen de tu nivel «normal» a tu subconsciente y hacer que esa imagen sea la más fuerte.

Habrás oído a estrellas de Hollywood, futbolistas famosos y empresarios exitosos hablar de la visualización. Cuando tú visualizas la vida que quieres como si ya fuera una realidad, creas en tu mente lo que se llama una disonancia cognitiva. O sea, ahora tu mente dice: «Un momento, esta imagen nueva que me estás dando no corresponde a la imagen que tenemos afuera», y esa disonancia hace que tu mente trabaje día y noche dándote ideas y energía, mostrándote oportunidades que antes no veías para que tu mundo exterior sea igual a esa nueva imagen maravillosa que tienes en tu mundo interior.

Es crucial que actúes, pienses y hables como si ya fueras un campeón, ya fueras un empresario, ya estuvieras en buena forma física, ya fueras lo que quieres ser.

Esta es la famosa ley de la atracción: tú atraes a tu vida personas y circunstancias en armonía con tus pensamientos dominantes. No es magia, es ciencia. Aunque sí es cierto que tu mente tiene el poder de frenarte o de sabotearte, igual necesitas trabajar duro para lograr lo que quieres. Hay que tener esto claro, porque hay personas que dicen por ahí: «Solo visualízalas y las cosas te llegan». Sí, visualizando, pero también trabajando. No es que viendo series en mi casa y pensando en «la inmortalidad del cangrejo» las cosas me van a caer del cielo porque las visualicé. Lo contrario tampoco funciona, o sea, si trabajas duro y tu mente no está alineada con tus metas, estarás tratando de avanzar como quien maneja un carro con el freno de emergencia puesto. Puedes pisar el acelerador cuantas veces quieras y no avanzarás mucho. En conclusión, la mente crea lo que cree. Aunque aún no sepas cómo lo vas a lograr, créelo con todo tu ser y trabaja todos los días para lograrlo.

Esta nueva versión de *Yo Pude, ¡Tú Puedes!* es un ejemplo de este modo de pensar. La primera versión fue publicada por mí en Amazon. Muchas editoriales pequeñas y medianas se me acercaban ofreciéndome ser distribuidoras de mis libros. Yo tenía claro que mi propósito era que este libro llegara a las manos de la mayor cantidad de lectores posible, con el fin de ayudarlos a vivir una vida mejor, y que para lograrlo necesitaría a una de las cinco editoriales más grandes del mundo. Y así, rechacé varias ofertas. Seguía trabajando enfocada, agregándoles valor a mis lectores. Hoy, tengo la felicidad de publicarlo con HarperEnfoque, de HarperCollins, la editorial más grande de Estados Unidos y una de las cinco más grandes del mundo. Sin embargo, yo lo creí antes de que ocurriera. Si no lo hubiera creído, hubiera aceptado menos; hubiera actuado con miedo y firmado algún contrato del que después me habría arrepentido.

Por eso, mi mensaje para ti es este: cree, cree, cree mucho en ti. Tú eres un milagro. No ha habido, ni hay, ni habrá una persona igual a ti en este mundo. Nadie, absolutamente nadie, puede hacer lo que tú viniste a hacer. ¿Por qué dudas? Créelo con todo tu ser y entonces esa imagen de ti mismo se grabará en tu subconsciente y esa mente maravillosa que Dios te dio te empezará a dar ideas de cómo lograrlo y a mostrarte el camino.

La mente aprende por repetición. De pequeño, aprendiste cosas negativas y las has seguido repitiendo. Ahora, haz lo contrario, di lo contrario, visualiza lo contrario.

Una de mis frases favoritas de mi mentor Brian Tracy, la cual resume lo que te estoy explicando acá, es: «No digas ni pienses nada de ti que no quieras ver hecho realidad». No lo hagas, ni en broma. Expresiones como: «Es que soy pésimo para los negocios», «Tengo mala suerte en el amor», «Nací con dos pies izquierdos y no puedo bailar» y otras cosas negativas son peligrosas, porque hay alguien escuchando y tomando nota: tu mente subconsciente. No las digas, ni las pienses, tus palabras programan tu subconsciente. Recuerda hablar como si ya fueras aquello que quieres ser: «Soy excelente en los negocios, me fascina aprender de mis mentores y cada vez lo hago mejor», «Cada día soy más paciente. Ahora, soy una persona serena y en paz».

La mente hace lo que ella cree que tú quieres que haga. Díselo, prográmala. Te fue regalada una ingeniería ultra, mega, avanzada.

Aun con ChatGPT y la inteligencia artificial que hay ahora, tu mente sigue siendo la ingeniería más maravillosa del planeta. Por favor, no tomes un *hardware* así de perfecto para meterle un «*software* pirateado», con palabras y pensamientos destructivos, basados en mentiras.

Esta es la verdad y es la única verdad: dentro de ti hay grandeza. Tú eres único y especial. Tú puedes lograr todo lo que te propongas (ya me imagino que «la loca de la casa» te estará diciendo que no es así, pero sí lo es).

Quiero dejarte un último ejercicio. Antes, cuando me hablaba feo y mi diálogo interno estaba sintonizado en «Radio Miseria», tendía a desbaratarme en el espejo. Me paraba frente a él y empezaba: «¡Ay, qué gorda estoy, qué cachetona me veo, cómo se me ocurrió haber opinado así ayer!», etc. Ahora, cuando me veo en un espejo —no importa dónde, en el baño, en el carro, en el elevador—, me digo: «¡Quiubo, campeonaaaaa! ¿Cómo vas? ¡Te felicito! Eres hábil, completa y capaz. Eres saludable, eres abundante, eres imparable». ¡Qué bonito ser nuestros propios mejores amigos! Desde acá, te abrazo. Abrázate tú también.

En IMPARABLE, nuestro curso online, te enseñamos todo el manual de instrucciones de la mente y te explicamos cómo reprogramarla. Al final de este libro, encontrarás información de nuestra universidad en línea. Me encantaría que tú también fueras parte de nuestra comunidad de estudiantes, de más de treinta y cinco países y de la familia de Pasos al Éxito, donde cambiamos vidas todos los días.

Me despido de ti con esta historia:

Cuentan que un hombre muy sabio habitaba en una ciudad a la que, un día, llegó un forastero y le preguntó:

«Maestro, vengo a vivir a tu ciudad, ¿qué tipo de personas viven acá?».

El maestro decidió responderle con otra pregunta: «¿Qué tipo de personas vivían en tu antigua ciudad?».

El forastero replicó: «Gente amargada, envidiosa y mala; personas con pocos valores y muchos defectos de carácter».

A eso, el maestro agregó: «Ese es el mismo tipo de personas que encontrarás acá».

Un tiempo después, llegó otro forastero y le preguntó al mismo sabio: «Maestro, vengo a vivir a tu ciudad, ¿qué tipo de personas viven acá?».

El maestro le hizo la misma pregunta que al forastero anterior: «¿Qué tipo de personas vivían en tu antigua ciudad?».

La respuesta del forastero fue: «Gente buena, trabajadora, hombres y mujeres de familia, generosos y muy amables».

Entonces, el maestro añadió: «Ese es el mismo tipo de personas que encontrarás acá».

¡Y así es! Si tú crees que en el mundo hay bondad, bondad verás. Si crees que tu pareja o tu hermano son buenas personas, verás sus cualidades.

No dejes que tu mente te maneje. Ponle límites, dirígela y crea allí el mundo, las emociones y los resultados que quieres alcanzar, aferrándote a esa imagen con todas tus fuerzas. Más temprano que tarde, ese mundo que creaste en tu interior empezará a tomar forma en tu mundo exterior.

Ten siempre presente que tu mundo exterior es solo un reflejo de tu mundo interior. Por eso, nunca digas, ni pienses nada de ti que no quieras ver hecho realidad.

¡Tú tienes dentro de ti todo lo necesario para ser imparable!

Recuerda siempre, que, si Yo PUDE, ¡Tú PUEDES!

Conclusión

COMO HUMANA QUE SOY, HE sentido miedo: miedo de perder a mis padres y a mis seres queridos. Sin embargo, no les doy poder a esos miedos, no me quedo patinando en ese charco, en ese Y-SI. Mejor, decido vivir un día a la vez y enfocarme solo en aquello que puedo controlar. Por eso, quiero terminar este libro compartiéndote la oración de la serenidad, una oración que me ha acompañado por muchos años de mi vida y me ha ayudado a enfocarme de manera única y exclusiva en lo que yo puedo cambiar. La oración dice así:

«Dios, concédeme la serenidad para aceptar las cosas que no puedo cambiar (las noticias, a las otras personas, la economía mundial), el valor para cambiar las que puedo (mi actitud y el uso de mi tiempo) y la sabiduría para reconocer la diferencia».

Te deseo de todo corazón una vida llena de felicidad, de plenitud, enfocada en lo que puedes cambiar y tomando el control absoluto de tus emociones y tu bienestar.

Recuerda, eres único y especial y nadie puede darle al mundo ese don que solo tú tienes para dar.

Tu amiga,
Margarita

Antes de que te vayas quiero dejarte un regalo. En este link y código QR, encontrarás un diario que te llevará a la reflexión a través de unas preguntas puntuales, para que puedas mejorar cada día tu bienestar, productividad y enfoque.

Además, te explico en un video, cómo puedes aplicar algunos de los conceptos más importantes del libro en tu vida diaria.

¡Aprovecha este recurso totalmente gratuito, con el que podrás llevar un registro de tu maravilloso crecimiento!

https://www.yopudetupuedes.com/diario

Acerca de la autora

MARGARITA PASOS ES UNA INFLUYENTE conferencista y mentora con 27 años de experiencia, reconocida como una de las 25 mujeres más poderosas por la Revista People en Español y nombrada en México como la Coach de Vida más Importante de Latinoamérica.

Actualmente, entrena más de 120.000 alumnos en 67 países. Con el apoyo de su esposo, Alejandro Pasos, superó ataques de pánico y depresión en el año 2001. Con la ayuda de reconocidos mentores en USA lograron reprogramar sus mentes para el éxito.

Margarita se ha destacado en charlas como su popular TED Talk, "Cambia tu mente, cambia tu vida", una de las más vistas en español.

Además, inspira a más de 4.5 millones de seguidores en todas las redes sociales a diario, dándoles contenido sobre mentalidad, ingresos e innovación para lograr más resultados, más rápido.

Ha entrenado a empresas Fortune 500 en ventas, liderazgo y productividad y ayuda a emprendedores en el escalamiento de sus negocios, con enfoque en la mentalidad de abundancia. Junto a su esposo fundó el movimiento *Yo pude, ¡tú puedes!*, que ofrece herramientas para superar desánimo y ansiedad.

Su reciente libro, *Pasos de gigante*, coescrito con Brian Tracy (autor del libro más vendido en el mundo en manejo del tiempo), es una guía para el éxito en la vida y los negocios.

Margarita se ha presentado en eventos de talla mundial enfocados al *Marketing*, el Emprendimiento, los Negocios y las Ventas, compartiendo escenario con algunos de los más grandes conferencistas del mundo, como Tony Robbins, John Maxwell, Les Brown, Brian Tracy y Gary Vee, entre otros.

Su trayectoria ha sido reconocida en medios como Univisión, CNN y Telemundo, en donde Margarita difunde su misión: Hacer que todos los hispanos del mundo tengan una vida fantástica y abundante, emocional y financieramente.

Orgullosa colombiana, ha vivido en Nicaragua y reside en Estados Unidos. A sus 50 años, irradia vitalidad, inspirando a vivir con "Juventud acumulada".

Su influencia en desarrollo personal es innegable, impactando a estudiantes, ejecutivos, celebridades, emprendedores y grandes empresarios, a través de cursos, *masterminds*, eventos en vivo y mentorías.

Visita nuestra página web y descubre más contenido de valor, cursos y eventos que te guiarán hacia el éxito personal y profesional que buscas.

Escanea nuestro código QR

Conoce cómo otras personas, que al igual que tú, llegaron a esta comunidad imparable buscando el crecimiento y lo han logrado de la mano de Margarita Pasos.

Escanea el código en tu celular y mira de quiénes se trata

Tu mente es una máquina de crear significados; ¡Empodérala!

Ingresa a nuestra plataforma estudiantil y crece con el curso que más se ajuste a tus necesidades.

Inteligencia emocional

Reprogramación mental

Manejo del tiempo

Escanea, ingresa y aprende

Sigue dando pasos hacia una vida fantástica y abundante

No dejes de conocer toda nuestra oferta educativa

Ventas

Marketing

Liderazgo

Escanea en
tu celular.

Descubre el tesoro que hay en ti con Margarita Pasos

Estamos determinados a mejorar la calidad de vida de todos los hispanos del mundo.

Logra, como miles ya lo han hecho, a reprogramar tu mente para triunfar en la vida y los negocios.

Habilidades para hablar en público

Liderazgo y Productividad

Mentalidad e Inteligencia Emocional

Escanea y escala

Cuenta con Margarita para tu próxima capacitación empresarial.

Margarita Pasos es entrenadora de Ventas de empresas Fortune 500 y su trayectoria de más de 27 años, la ha llevado a ser nombrada una de las 25 Mujeres Más Poderosas de 2023, por la Revista People en Español.

También fue destacada como la Coach de Vida más importante de Latinoamérica, por la Asociación de Locutores de México, en 2022.

Margarita quiere ayudarte a convertirte en la persona que deseas ser, utilizando tu pasión personal como el motor de tu crecimiento.

También quiere darle la mano a tu empresa, negocio o emprendimiento para que dispares tus ventas, eleves tus ganancias y tengas un enfoque gerencial que haga escalar tu proyecto profesional.

Es socia del gurú de las ventas, psicología del éxito, y bestseller del New York Times, Brian Tracy.

Contacta a su equipo escaneando este QR

PASOS DE GIGANTE

ISBN 9780829771541

Pasos de gigante es la guía que necesitas para actualizar tu mentalidad y tener la actitud que hace que cualquier persona se convierta, rápidamente, en un ganador.

En este libro, **Brian Tracy y Margarita Pasos** combinan su experiencia para **acortar tu camino al éxito y darte los principios que les han permitido a ambos ser conferencistas internacionales, tener negocios exitosos y superar toda clase de obstáculos en el camino.**

Por eso te enseñarán:
✓ El hábito más importante para el éxito y la abundancia
✓ A apagar para siempre ese mecanismo de fracaso que casi todos los emprendedores tienen
✓ Las 3 acciones diarias que harán que logres más que el 80 % de las personas
✓ Lo que sí funciona para lograr el éxito en los negocios.

⊞ Harper*Enfoque*